# 墨脱传奇

廖东凡 著

中国藏学出版社

Contents

# 目 录

# 走进墨脱

1982年7月15日，组建不久的西藏民间文艺研究会，只有两名工作人员，一个是作为驻会副主席的我，另一个是协会秘书长次旦多吉。这天一上班，我对次旦多吉说："次旦啦，按照协会的计划，我们应当到阿里地区进行民俗考察，你到长途汽车站去一趟，看看有没有去阿里的车票?"

"啦索!"次旦多吉一声答应，蹬着自行车走了。不到一个钟头，他回来说："去阿里的票没有了，我买了两张去林芝的长途汽车票!"我一听心里凉了半截，说："这真是东拉西扯、南辕北辙了。"就在这时，脑子突然来了个急转弯，心想："这些年来，我们差不多走遍了雪域西藏所有地方，只有东南边境的墨脱，还是民俗考察的一个空白。何不将错就错，从林芝进一趟墨脱呢?"我把这个想法跟次旦多吉说了，他极力表示赞成，于是，两个人匆匆忙忙，赶紧做进墨脱的准备。

## 从拉萨到林芝

墨脱位于喜马拉雅山南麓，坐落在雅鲁藏布江大拐弯东西两侧。境内高山壁立，雪岭摩天，急流奔涌，瀑布飞鸣，热带森林遮天蔽日，珍禽异兽出没其间，遍地鲜花争艳，四季瓜果飘香。藏语的墨脱，是花、鲜花、花的山、花的峡谷的意思。这里聚居着勤劳勇敢的珞巴族、门巴族和藏族，他们至今仍保持着古老的刀耕火种、渔猎采集的传统生产和生活方式。对于常年生活在祖国内地和拉萨的人来说，墨脱无疑是最美丽、最神奇、最神秘的所在，是神话、传奇，是与世隔绝的梦境！

而在藏传佛教信徒的心目中，墨脱更是第二佛陀莲花生加持过的灵山圣境，是通往神仙世界的隐秘乐土。佛经中把墨脱称为“贝域白玛岗”，意思是隐藏在秘境中的莲花圣地。赞美道：“佛之净土白玛岗，殊胜之中最殊胜。”人们认为弯弯的墨脱峡谷，有吉祥和幸福的护持者多吉帕姆（金刚佛母）依怙。这里的山是神山，水是圣水，不耕田地有粮食，不养奶牛有酥油，不用建筑有房屋，不用纺织有衣服。雅鲁藏布江两岸，神山一座连一座，神山有神门，神门有仙洞。谁能找到藏于隐秘处的金钥匙，就能打开通向幸福乐土的大门，里面是糌粑的山，牛奶的河，绸缎和氆氇的森林，金银财宝取之不尽，用之不竭，人们在这里能过上神仙般无忧无虑的生活。高僧活佛预言：当释迦牟尼佛时代行将结束，弥勒强巴佛时代尚未开启之时，世界末日将要来临，人类将遭遇巨大的灾难，唯有藏身于墨脱白玛岗，才能躲避可怕的浩劫。

正是这些神话传说和宗教预言，如同巨大的磁石，不但吸引了西藏、四川、青海的藏传佛教信徒，也吸引了不丹境内很多门巴人，他们或整个家族，或整个村庄，整个部落，离开世世代代栖息的故乡，扶老携幼，翻山越岭，历尽艰辛，长途跋涉到这片神秘乐土来朝圣和定居，寻找和等待神门打开的美好时日的降临。

然而，墨脱却是我们星球上最难接近的土地，至今仍是全国唯一不通公路的地区。它既有喜马拉雅山的重重阻隔，又有雅鲁藏布江的纵横切割。每年只有7、8、9三个月，人们才能像猿猴一样，爬过那些“挂”在悬崖峭壁上的崎岖山路，进入墨脱峡谷。于是，墨脱成了真正的“人间绝域”。有幸进入这片“人间绝域”的人，还要穿越旱蚂蟥区、沼泽区、塌方区，对付毒蜂、毒蛇和猛兽的袭击，忍受烈日、大风、暴雨和泥石流的困扰，攀援险象丛生的溜索桥、藤索桥和藤网桥。因此，到墨脱朝圣或者旅行，绝不是一件轻松愉快的事情，也不是一次充满乐趣的旅行，它是一种苦行，一种探险！

我和次旦多吉精心做好在当时条件下力所能及的各种准备。我们带上了药品、录音机、照相机和防身手枪。到西藏军区后勤部购买了防止旱蚂蟥叮咬的密封解放鞋和绑腿，又从西藏登山队借来爬山用的尼龙包。登山英雄贡布是我多年的好友，听说我要进人间绝域墨脱采风，不由得大加赞赏，竖起大拇指说：“小廖啦，好！好样的！进墨脱考察好！登山包送你了！”

格萨尔史诗收集和整理办公室主任李朝群曾经是20年前作为先遣支队进墨脱的十八军战士，精通藏、珞巴、门巴三种语言，担任过墨脱县公安局局长，曾率领边民在深山荒谷中找回抗日战争时期驼峰航线坠毁的美国军机残骸。他郑重告诫我们：行装能少带尽量少带，能不带尽量不带，当年我们在墨脱的原始森林里长途跋涉，连一支钢笔、一支牙刷都嫌太重了。不过，有两样东西非带不可，一是对付旱蚂蟥的碘酒，二是治疗毒蛇和马蜂咬伤的季得胜蛇药膏。

堆龙德庆县农牧局局长冀文正也是当年进墨脱的十八军老战士，任县委办公室主任多年，熟悉珞巴族和门巴族民俗民风，收集过许多歌谣和故事。他说：“墨脱珞巴族的故事讲述人，首推卡布寨 80 岁的纽布爷爷和 70 岁的恩布大叔，听说纽布老人已经过世，恩布大叔还健在。你们如果找到他，只要说是米米（老汉）老冀的好友，他一定会热情接待的。”

我们还看望了西藏师范学院语文系主任、民俗学家江洛金·次旺俊美先生，他的爷爷江洛金·索郎杰布公，曾被噶厦放逐工布森林地区多年，熟知珞瑜地区的民情风俗。次旺俊美提醒我们：“我听爷爷说过，过去珞瑜地区，有往酒里投毒的陋俗，你们在墨脱喝酒，千万得小心啊！”

他接着为我们讲了酒里放毒的陋俗：雅鲁藏布江下游，喜马拉雅山以南的广大森林峡谷地区，历史上称为“珞瑜”，意思是珞巴人聚居的地区。墨脱称为上珞瑜，墨脱以下称为下珞瑜。珞巴人普遍信仰原始宗教，迷信和巫术曾经十分盛行。这一地区有着一种投毒的陋俗，投毒的目的，并非出于个人恩怨或财产纠纷，而是一种宿命观念的驱使，或者是古代巫术的遗存。他们认为，毒死富有的人，自己就会变得富有；毒死子嗣众多的人，自己就会变得多子多福；毒死长寿的人，自己就可能延年益寿。像廖老师你这样身体健康、脸色很好的人，很有可能成为投毒的对象。这种陋俗现在已为当地民众所痛恨，但是还未能彻底根除。

毒品一般是将毒果或毒草的根茎，晒干后磨成粉末，投毒时把毒粉嵌进指甲内，利用给人敬酒的机会，把手指浸泡在酒里，这样的酒往往能致人于死命。你们喝酒的时候，一定不能掉以轻心啊！最好随身带一双银筷子或一把银勺子，测试测试。如果银匙变黑，说明酒有问题。要不，让敬酒人把酒倒一点在他自己的手心里，先喝一口，这样你们就可放心喝了。

从师范学院出来，我们又去自治区文化局拜访雪康·土登尼玛局长，他兼任我们西藏民间文艺研究会的主席。他对我们墨脱之行一直非常关心。他告诫我们说："进墨脱，要翻越海拔四五千米的多雄拉大雪山。翻越雪山，要特别特别小心，不要奋力奔跑，不要大声歌唱，更不能'吉吉、索索、拉结罗'地高声喊叫。这不是迷信，也不是胆小，而是有一定的科学道理。因为高山绝顶，空气稀薄，天气变化无常，奔跑和喊叫会造成空气震荡，产生狂风、暴雨和冰雹，给人突然袭击，防不胜防，有时会带来意外的灾难！"

接着，雪康局长又叮嘱我们，在墨脱考察，要注意收集喜马拉雅山区的奇闻逸事，例如珞瑜地区是不是有雪人和野人存在？局长按捺不住，主动给我们讲了一则野人的故事。

## 珞瑜山上有野人

雪康·土登尼玛

我14岁那年，在工布地区则拉宗当县官的父亲，因病回拉萨调治，县里的公务交由一个叫土登的人代理。不久，土登突然来到拉萨，送给父亲一张毛色光鲜的老虎皮。父亲十分惊异，问："这么好的虎皮，你是怎么得到的？"土登大叔给我们讲了这样一件奇闻：

则拉宗属下，有个康巴商人，每年带着藏地出产的氆氇、红糖、铜器和各种珠串，翻过喜马拉雅山，到珞瑜地区和珞巴人交易。这年春天，他赶着一头驮牛，在森林里走了三天三夜。天黑之后，停下来宿营，用三块石头垒个灶，捡一些枯枝落叶生火煮糌粑糊糊。忽然听到一种"扑哧扑哧"的声音由远而近，驮牛吓得簌簌发抖，不停地"哞哞"惊叫！康巴人害怕了，抽出腰刀，准备应对突发情况。很快，他看见一个浑身是毛的东西，从丛林中摇摇晃晃走过来，正站在一株大树下面，盯着他笑。商人吓得快瘫痪了，只好往火里拼命添柴。那东西一步一步朝他走过来，在离他三四步的草地上，一屁股坐定，又看着他笑。双方默默相对，过了一顿茶的工夫，康巴人意识到，这是一个喜马拉雅山野人。他看野人没有伤害自己的意思，便拿出木碗，舀糌粑糊糊喝。火快熄灭时，野人站起来，折下一根很粗的干树枝，用毛茸茸的脚把树枝挪进火里，篝火重新熊熊燃烧起来。

这时，森林里传来虎啸声，驮牛又惊恐地叫了起来。紧跟着，一只斑斓猛虎从山岩后面一跃而出，两只圆圆的眼，映照着火焰，闪闪发光。老虎大吼一声，朝商人和驮牛扑了过来。没想到野人的动作比老虎更加麻利，一把将商人抓过来，压在自己的屁股底下，同时从胳肢窝下面，摸出一块木碗大小的鹅卵石，用舌头舔了三下，猛地朝老虎扔去，老虎惨叫一声，逃得无影无踪，野人也跟着离开了。

康巴人被压在野人的屁股底下，全身酸痛，一股臭味熏得他头脑晕眩，差一点呕吐。野人走了很久，他才慢慢爬起来，赶着驮牛往前走，发现离他不远的林子里，竟然躺着一只死老虎，眉间中了一石头，虎眼被打了出来。康巴人喜出望外，剥下虎皮，带回则拉宗，卖给了土登先生。

雪康局长这么一讲，勾起了次旦多吉的兴趣，也说了一则“米林深山长发女”的故事。他强调说：“米林位于珞瑜的北缘，属于工布地区，与墨脱只有一山之隔。故事发生的地域与雪康局长讲的地方差不多。”

## 米林深山长发女

次旦多吉

这是好多年前的事情了。

在雅鲁藏布江南边的大山深处，有一间破旧的小木屋，住着一个生病的老太婆和她的儿子。每天儿子走进茫茫的林海，射猎松鸡、野兔和小野兽，采摘一些野果和嫩树叶，带回去孝敬生病的母亲。母亲临死时，抓住儿子的手一遍又一遍地叮咛：“儿呀！妈妈走了，你一个人无依无靠，日子更凄凉了。你要是能找到一个妻子，妈妈就能放心走了。”

母亲去世后，小伙子还是天天到森林里去打猎，在草地上采些野菜度日。他想：“在这鬼都碰不到的深山老林里，哪里能找到妻子呢?”有一天，他来到一个远离小木屋的峡谷，不久天色昏黑，便燃起一堆野火，烤一只野兔。他匆匆忙忙吃完，便跑到山泉边，趴下去喝水。喝着喝着，没想到清清水面上，倒映出一个女人的面容。他慌忙站起身来，发现自己身后居然站着一个赤身裸体的年轻姑娘，一头瀑布般长长的黑发，裹住她身体各个部位。小伙子大吃一惊，魂都吓掉了，连忙甩开双腿，翻山越岭头也不回地跑回自己的小木屋去了。

小伙子跑回家，倒在木板地上直喘粗气，他不知道刚才看到的姑娘，到底是人，是野人，还是森林里的女鬼？他在火塘里生起火，想烤一烤身子。忽然，屋外传来窸窸窣窣的声音，原来是刚才森林里那个长发女跟来了。站在屋外不远的地方朝他笑，黑幽幽的眼睛忽闪忽闪的，长长的黑发包裹全身。小伙子看她并无恶意，便打开门让她进屋了，长发女看见火，吓得惊叫一声，逃到远远的地方去了。小伙子把火熄灭，长发女悄悄地靠近；小伙子把火点燃，长发女又惊叫着逃走。这样一次又一次，小屋里又明亮，又暖和，比起寒冷又黑暗的深山老林，不知好多少倍。从这以后，长发女便在小木屋里住了下来，成了小伙子的妻子。

故事讲到这里，次旦多吉解释道，听米林县的人说，长发女是一个被遗弃在森林中的小女孩。她在深山老林里，跟野兽一起长大成人，最后遇上这个青年，回归了人类社会。

1982 年 7 月 18 日，我和次旦多吉如期坐上长途汽车，沿拉萨河上行，翻过拉萨和林芝地区的分水岭、海拔 5300 米的工布巴拉大雪山，顺着尼洋河东行。当晚，我们住在工布江达县，第二天下午抵达林芝县城，在县委招待所住定，我们俩背起背包，拄着拐杖，急急忙忙往外走，想打听一下有没有去尼洋河羌纳渡口的便车。这时，只听得路边的木楼上，飘来一位女子的声音：“哈哈！两位归国藏胞，赶着到哪里去探亲呀？”我们抬头一看，原来是县文化局局长康英女士（笔者按：三年后任拉萨市文化局局长)。10 年前拉萨市举行文艺汇演，我是堆龙德庆县代表队的领队，她是林芝县代表队的领队，两支演出队关系很好，亲如一家，我和康英也成了很好的朋友。我知道她非同一般的身世，也赞赏她热情、豪爽、大度的为人。老友重逢，自然格外亲切。我说："我们想去打听一下，有没有去羌纳渡口的便车。我们要从那里坐船过雅鲁藏布江，再从米林县派村进墨脱。"康英听了，哈哈直乐，笑得满脸灿烂，招呼我们上楼去坐坐。走进康英的家，发现里面收拾得十分干净，一尘不染，她请我们吃干牛肉，喝奶茶，品尝林芝地区的种种美味，然后笑着说："你们不必费周折了，不就是上羌纳渡口吗？我送你们去不就结了吗？"她这几句话，说得我和次旦多吉笑逐颜开，喜出望外，大夸康英是好人，是我们的救星。因为那时在西藏出门，找车搭车是最大的难题。有了康英的承诺，一颗悬着的心放下了，于是放开肚子，边吃边喝，随意闲聊，我说："康英，你不是从墨脱德尔贡山村出来的吗，有什么信我们给你捎去？"康英听到这话，笑容立刻消失得无影无踪，停了好一会儿，才说："德尔贡虽然美如仙境，留给我的却只有痛苦和悲伤！"这句话也许勾起了她对自己身世的回忆，我只好改换话题。

第二天，也就是 7 月 20 日，康英早早地坐着一辆北京牌吉普车，来叫我们一起出发，车沿着尼洋河朝东南方向开去。出城不远，便是金字塔形的苯日神山，据说这座山是苯教祖师丹巴辛饶开启，从此这座山成为苯教教徒的信仰中心。从青海、康区、阿里远道而来的信徒香客，正在这里转山朝圣，人气很旺。途中经过广久村，康英让我们稍作停留，她要给自己的"四同户"老阿妈送一床被子和一些糖果饼干。

听到“广久村”这三个字让我怦然心动，因为我看过一本名叫《艽野尘梦》的书，作者陈渠珍，湖南人。他是清末进藏川军的一个营长，驻守林芝地区时，娶了广久村一个名叫西原的姑娘为妻。我想，何不利用这个机会，打听打听西原的身世。康英去了老阿妈家，我和次旦多吉在村口等候，村口有一块巨大的磐石，高约3米，长约10米，石上刻满了六字真言。老人们有的围绕神石转经，有的坐在神石下面干手工活。我走到他们中间，恭敬地问道：“老人家，向你们打听一个人。”老人们问：“什么人？哪个生产队的？”我说：“不是现在的人，是70年前的一个女子，名字叫西原。”老人们一脸茫然，不停地摇头表示不认识。后来经不住我耐着性子反复解说，才有一缺牙的老阿妈说：“听老辈子说过，早年间是有一位寨主家的小姐，名字叫西原，跟一位汉族军官走了，从此一去无踪影。”

我这么一说，引起了次旦多吉的兴趣，他一再向我打听西原的故事，于是我便依据《艽野尘梦》一书，介绍起了奇女子西原的际遇。

## 广久奇女西原往事

出自陈渠珍《艽野尘梦》一书

清朝末年，西藏地区局势危殆，清廷在四川组建了一支2000人的新军，由钟颖任统领。1909年开赴西藏，进行震慑和弹压。军中有一管带，姓陈名渠珍，湖南麻阳人，勇武沉毅，胆识过人。川军进驻拉萨，西藏局势暂为稳定。陈渠珍被委派留守工布德木一带，他及时提出改剿为抚的主张，并与当地僧俗首领过从密切，关系友善。广久寨头人彭措，请陈氏到官寨做客。饮宴之后，多名艳装女子跳锅庄舞，表演骑射竞技，一个个纵马飞驰，令人目不暇接。其间，有一青春少女，靓衣明眸，别具风韵，矫健敏捷，身手不凡，陈氏赞不绝口。此女名叫西原，是寨主彭措的侄女。德木寺活佛做媒，将西原嫁与陈渠珍为妻。

不久，辛亥革命爆发，川军内部哗变。陈氏不愿卷入军队自残，率领湖湘官兵115人，从工布江达取道藏北羌塘，准备返回湖南老家。西原义无反顾，诀别父母，离开故园，骑马挎枪，伴随丈夫踏上漫漫归途。陈渠珍等人仓皇出走，既没有充足的粮饷，又没有可靠的向导，原打算60天可到青海柴达木，可走了一个半月，才进入藏北“无人区”。天荒地老，人烟绝迹；黄沙大漠，道路迷失，加之狂风暴雪，夜以继日地奔波，粮食吃光，牛羊吃尽，胯下的战马也一匹匹地被宰杀果腹充饥。官兵们陷入饥饿和死亡的绝望境地，靠猎杀野牛、野驴、野羊度日，茹毛饮血，人人都在死亡线上苦苦挣扎。这样日复一日，月复一月，士兵们一个接着一个死去，有的饿死，有的冻死，有的病死，有的在枪战中被打死，有的被狼群咬死，尸体夺回来又被饥饿的同伴吃掉。陈渠珍的警卫和士兵，相继走散和死去，唯有爱妻西原和他形影相随，日夜守护在他身边，搀扶着他在风雨雪雹中艰难前行。夫妻夜里趴冰卧雪，露宿荒原。在九死一生的危难关头，他俩仅有拳头大的一点兽肉。陈渠珍这个七尺男儿，铁血汉子，也失去了继续活下去的勇气。西原却宁肯自己挨饿，强行让丈夫吃下难以下咽的食物，她总是流着眼泪，苦苦相劝：“夫君，我是藏族人，怎么都好说，你不吃不行！在这个世界上，可以没有我，不能没有你。只有你活着，才有我的生路，如果你死了，我更活不下去了!”就这样，西原千方百计激励陈渠珍，激起他活下去的勇气。她冒死独闯雪山荒谷，猎杀凶猛的野牛；她手持快枪，通宵达旦与饥饿的恶狼以命相搏，让丈夫在自己身边安然入眠；她把野牛、野羊的肠子揣于怀中，使陈渠珍在行将饿毙时赖以维系生命。总之，西原以自己的一腔青春热血，一个藏族女子全部的爱，创造了人类生存的奇迹。7 个月后，陈渠珍一行终于抵达青海柴达木。离开时有湖湘子弟 115 人，现在只剩下孤孤零零的 7 个人了。陈氏又悲又喜，悲的是同伴死亡殆尽，喜的是夫妻俩历经千辛万苦，终于大难不死，全身而归。

接着，他们从西宁到达兰州，又从兰州去古都西安，陈渠珍在西安给湖南老家写信，请求速汇盘缠，希望早日返乡，过一介平民的生活。万万没有想到的是，西原忽然病倒，医生诊治后说是得了天花。陈渠珍听了，无异于晴天霹雳，因为藏族人在内地得了天花，就只有死路一条。他东奔西走，求医问药，最终回天乏术，西原竟死于自己怀中。弥留之际，西原流泪哽咽着说：“千里万里随君到内地，原想做白头到老的夫妻，不料我得了这样的病，不能再陪你了。好在你已走出困境，我死了也放心了!”西原死后，陈氏抚尸号哭，悲恸欲绝。后经友人资助，请僧人诵经超度，棺木厝葬于城外雁塔寺。《艽野尘梦》一书，用这样的文字结束：“余既伤死者，复悲身世，抚棺号泣，痛不欲生。友人百端劝慰，始含泪归。入室，觉伊不见，室冷帏空，天胡不吊，厄我至此！又不禁仰天长号，泪尽声嘶也。余述至此，肝肠寸断，余书亦从此辍笔矣。”

据说，陈渠珍返回湘西，仍任军职，官至师长，坐镇湘西，号称湘西王。

## 在 “林芝一号” 渡船上

雅鲁藏布江邦纳渡口，停泊着一艘蓝白相间的小型汽轮，名叫“林芝一号”。坐汽轮横渡雅鲁藏布江，确实是非常新鲜而令人激动的事。上了船，结识了两个水手，一个叫顿珠，林芝县人；另一个叫阿旺，堆龙德庆县人，正如民间所说：“西藏无处不堆龙”啊！水手们说：“这条船在重庆建造，拆开用汽车运到邦纳组装，1974 年下水。原先由重庆师傅驾驶，现在改成退伍老兵开。每天往返一次，需四五个小时，每次能渡一二百人，四五十头骡马，比牛皮船方便多了。”

汽笛一声长鸣，轮船开动，缓缓驶向对岸的鲁霞村。西藏母亲河从这里开始，形成举世瞩目的马蹄形大拐弯。我站在船头，只见江水碧波万顷，浩浩荡荡，向东奔涌，江水倒映着蓝天白云、红松白雪，水底仿佛另有一个幽深莫测、光怪陆离的龙宫仙阙、神仙幻境。江的南北两岸，各有一座高插云霄的雪峰。北面一座名叫加拉白垒峰，海拔 7294 米；南面一座名叫南迦巴瓦峰，海拔 7782 米。两峰隔江相望，各自岿然不动，如同两位冰盔雪甲的勇士，牢牢地把守着高原雪域的大门；又像两尊顶天立地的巨灵神，在那里呼风唤雨，腾云驾雾。

这时，人们纷纷拥到船舷两边，争相观赏人间罕见的江河胜景和雪山奇观。乘客中有藏族人，有汉族人，有门巴人，有珞巴人。大家面对滚滚江流，指手画脚，感叹唏吁。我忽然想起离开拉萨时，格萨尔专家李朝群先生给我讲的一个关于雅鲁藏布江大拐弯的神话故事。

## 雅鲁藏布江为什么急拐弯?

李朝群

雪山之王冈仁波齐膝下有四个儿女。老大马泉河，老二狮泉河，老三象泉河，最小的妹妹是孔雀河。有一天，老阿爸把他们召集到身边，说:“孩子们，你们都长大了，不要总是窝在父母身边了！你们应该出外经风雨、见世面，到世界各地去闯荡闯荡!”于是，兄弟姐妹约定，各自出外游历，最后约定在大洋大海里会面。

狮泉河往西，象泉河往北，孔雀河往南，而大哥马泉河，一直往东，走向大阳升起的地方，他就是西藏母亲之河雅鲁藏布江。他白天走，夜里走，走过了许多大雪山和小雪山，穿过了无数大峡谷和小峡谷，有一天来到工布米林地方，有一只鹞子飞落下来饮水。雅鲁藏布江问:“鹞子兄弟，你从什么地方来?”鹞子说:“我从大洋大海来。”雅鲁藏布江又问:“你在大洋大海，看到我的弟弟和妹妹了吗?”其实，鹞子根本没有到过大洋大海，更没有看到过他的弟弟妹妹，为了喝到江中水，便信口胡说:“看见了！看见了！他们早就到了大洋大海了，他们让我给你捎信，让你赶紧去，你要再不去，他们都回雪山老家去了!”

雅鲁藏布江一听，心里发了急，立刻改变方向，奔向南边的大海，去和弟弟妹妹相会。万丈高的山，他一头撞了过去；深深的峡谷，他一脚踩了下去。撞开了山，塌陷了谷，如同一柄开天辟地的巨斧，把好端端的喜马拉雅山一劈两半，这样便形成了今天的雅鲁藏布江大拐弯。

等他急急忙忙，连冲带撞，赶到南边的大洋大海时，根本没有见到弟弟妹妹的影子，他们还在高山和平川之间乐滋滋地悠游呢！雅鲁藏布江恨透了说假话的鹞子，不准它再饮江中的圣水。据说，从那以后，鹞子再也无缘喝雅鲁藏布江的水了。

这时，一个尖嘴猴腮、骨瘦如柴的老头儿，鼻梁上架一副残缺不全的老花眼镜，指着江北岸的加拉白垒雪峰，对我说："你看，这座山头很奇怪。其他的山，山顶都是尖尖的，只有它的山顶，又宽又平，跟打麦场差不多，这里边也有说法哩！"应我的请求，他讲了一个关于加拉白垒峰的传说。我问了问他的姓名，他说叫阿丁，米林县派村人。（笔者按：上面的神话，我到墨脱后都曾听门巴族益西平措老人讲述过。）

## 加拉白垒峰为什么没有顶？

派村阿丁

古时候，西藏有一位赞普，名叫赤松德赞。他在山南桑耶地方，盖了一座西藏历史上从来没有过的大寺庙，主殿完工后，问题也来了，这座又高又大的大殿，单单没有屋顶。于是赞普传旨，命令工布地方的大小神灵，把加拉白垒雪山的山头卸下来，移到桑耶寺做主殿的屋顶。赞普的话，是山上滚下来的石头，谁敢顶回去呢？这样，工布的大神小神、林妖山鬼，一起爬上加拉白垒大雪山，有的用刀子砍，有的用斧子锛，有的用锯子锯，有的用牙齿咬，费了九牛二虎之力，总算把山头卸了下来。

神灵们抬着加拉白垒山山头，沿着雅鲁藏布江，吭哧吭哧朝桑耶寺走去。到了今天米林县的玉松坝子，遇到一只神鸟乌鸦，众神问："乌鸦！乌鸦！你是全知全能的神鸟，你知不知道，山南地方的桑耶寺修完了没有？主殿的屋顶盖好了没有?"快嘴乌鸦回答道"：哇！哇！吉祥桑耶寺修完了！哇！哇！主殿大屋顶盖好了！哇！哇！开光大典也举行了！"

工布众神一听，一个个都泄了气，扔下加拉白垒山头，跑回了各自栖身的山林洞窟去了。从此，没有了山头的加拉白垒山，被人们称为加拉则冬，意思是空了顶的铁山。它的山头，至今还被扔在米林玉松地方，当地人叫它"玉松觉卧日"，意为玉松圣灵山。

说完加拉白垒山，乘客们又把注意力投向南迦巴瓦雪峰，只见它高高隆起在江的南岸，凌空御风，绝世独立，虽然是盛夏7月，仍然白雪覆盖，银光闪闪，更显得壮丽神奇。阿丁老人看大家兴致盎然，自己亦意犹未尽，又讲起了南迦巴瓦峰的来历。

## 南迦巴瓦，天上落下一陨石

派村阿丁

南迦巴瓦，不是一般的山，它不是地上的山、人间的山，它是天上一块巨大的陨石。天神和阿修罗神打仗的时候，拿起大石块攻击对方，石块就跟现在的原子弹差不多。天神一不小心，一块大石头掉落地上，落到了雅鲁藏布江边，就成了南迦巴瓦山。南迦巴瓦，就是"天上掉下来的陨石"的意思。

南迦巴瓦落到人间，最先成了魔鬼的住地。山上有108座冰宫，108座雪堡，还有108个魔窟，住满了大大小小的妖魔鬼怪。魔鬼的总头头叫笛·牙夏纳波，意思是黑色魔王。他手下有嘎拉宾顿，意思是铁匠七兄弟。天天开炉生火，抡锤打铁，锻造各种兵器，挑起战争和仇杀。山头黑烟滚滚，火星飞溅，打铁的声音震得周围四邻不得安宁，烟味和硫黄味呛得老百姓叫苦连天。还有岂柔宾古（猎人九同胞），手拿弓箭、刀矛和火枪，猎杀森林中的各种鸟兽，尸体成堆，血流遍地，杀生作孽，神佛不容。

后来莲花生大师登上南迦巴瓦峰，降服了山上的妖魔鬼怪，使他们成了藏传佛教的护法神。笛·牙夏纳波变成铁匠的守护神唐青嘎瓦纳波，又称骑羊具誓护法。岂柔宾古（猎人九同胞）也改恶从善，当了巫师们的神主，帮助巫师们预言祸福、指点迷津。莲花生大师还嘱托南迦巴瓦雪山诸神，尽心守护工布林芝这片风水宝地，使这里青山常绿，碧水长流，鲜花常开，果木常熟，牛羊肥壮，庄稼丰收。从此，工布林芝成为雪域高原的一块风水宝地，南迦巴瓦成了一座神山，一座圣山，工布林芝地区的命根山。

说话间，汽轮已经到了目的地米林县派村。同船的干瘦老头儿阿丁也一道下了船，搭伴走到派村村口，互相殷殷告别，阿丁老汉热情地邀请我们到他家里做客。

## 派村的日子

派村坐落在喜马拉雅山多雄拉雪山北麓，背风向阳，山峦环护，风景秀美。每年春末夏初，数千株山桃花怒放，如红霞朵朵，掩映着青山翠谷，令人赏心悦目。7、8、9三个月，多雄拉雪山山口积雪融化，进入墨脱的道路开通，林芝、米林、工布江达三县，上千位民工，数千头驮畜，通通集聚派村，运送进入墨脱的物资，加上进出墨脱的人员，一时人流不断，热闹异常。秋末冬初，大雪封山，行人断绝，派村又回到中世纪般的荒凉寂寥。

骡马道直通多雄拉雪山脚下，右侧是古色古香的派村，正面是逐年营建的派村转运站。我们走进还算整洁的转运站招待所，正好遇上拉萨市卫生局田局长，市医院外科主任胡汝国，还有一位叫小洪的工作人员。田局长是北京来的援藏干部，胡医生是我多年的好友，他们三人组成的医疗小组，要赶到墨脱去考察疫情。胡医生说："老廖，多雄拉山上的风雪，跟景阳冈的老虎差不多。过景阳冈，不是'三碗不过岗'吗？过多雄拉，没有三人结伴也不成。前不久山上出了事故，护送科考队的解放军战士，有好几个掉进冰窟窿牺牲了。你们两个不能冒冒失失地爬过去，中途出了问题，连个报信的人都没有！墨脱县医院会派民工来接我们，你们跟我们结伴进去吧！"听胡医生这么一说，我们喜不自胜，能跟医疗小组一起走，最保险不过的了。

住在招待所，看看有关墨脱的材料，写写采风笔记，日子颇为清闲。一天吃过午饭，我和次旦多吉溜达着到了派村，想找船上结识的阿丁老人，随意聊聊家常，听听米林墨脱一带的风情习俗。村里的房舍大都是古老陈旧的木楼石屋。有几位老人，围着一个铁匠炉高谈阔论，其中最活跃的，便是小鼻子小眼的阿丁老人。他一下认出了我们，便走过来热情招呼，其他几位老人，也过来把我团团围住，谈话一下子变成了以我为中心。我问阿丁：

“老人家，听您的口音，不是本地人吧!”他说：“对！我不是本地人，我是四川德格人，今年 70 岁了。不光是我，他们几位也不是本地人。”阿丁把他的同伴，一一向我做了介绍。一个叫布仁，68 岁，白玉人，光头赤脚，骨瘦如柴；一个叫希洛，69 岁，甘孜人，头发蓬乱，胡须卷曲。我笑着说：“看样子，你们都是康巴汉子，怎么跑到工布的米林安家落户了呢?”阿丁老人苦笑道：“老师，你没有听说过一条谚语吗：门巴人苦于背盐，珞巴人苦于捕鱼，工布人苦于伐木，康巴人苦于朝佛。我们康巴人大半辈子，就是在朝佛路上度过的，最后走不动了，才在米林派村安顿下来。”接下来，几位老人依次述说了各自的身世。

## 墨脱朝佛的经历

派村阿丁

我的老家是四川德格的嘎西村，听说西藏有个叫墨脱白玛衮地方，有糌粑的山，牛奶的湖，吃喝穿着不用愁，是鸟儿也会念经的神仙乐土。我 15 岁那年，妈妈带着我，还有弟弟、妹妹，离开家乡故土，走上去西藏朝圣的旅途。全家从德格到昌都，从昌都到波密，正值波密的收割季节，我们一边要饭，一边捡麦穗，待了大半年。后来我们离开波密到了拉萨，在拉萨朝拜了大昭寺、小昭寺、布达拉宫。又从拉萨返回工布，翻多雄拉雪山进入墨脱圣地。那一年，我 17 岁。

过了白玛协曲河上的藤索桥，爬易贡北高山，到了巴丁则门巴寨，天上下大雨，路也垮塌了，我们没法赶路，在寨子里留下来要饭。门巴人心善，给的食物多，我们没有饿死。进入旱季，我们朝拜过仁青崩寺，顺雅鲁藏布江而下，边要饭，边打听。翻过格邦拉，到了嘎拉央宗。这里有一条圣河，叫仰桑河，河水蓝得发绿，绿得沁人。都说喝了仰桑河的水，死后不入地狱，灵魂升入天堂。河边有一块磐石，有两三个帐篷那么大，像大鹏金翅鸟，藏语叫“甲钦勒”（鹏鸟圣地）。“甲钦勒”周边，住的是珞巴人，不穿衣裤，光身子，用一块土布遮住下体。朝拜甲钦勒的都是藏族人和门巴人。据说大鹏鸟一叫，神门就会打开，可以通向极乐世界。珞巴人不相信这些，他们的观念和藏族人、门巴人相反。藏族人说是神，他们说是鬼；藏族人说是圣地，他们说是魔地。他们在甲钦勒上面拉屎、撒尿，放火烧。

往前走了两天，又来到一处圣地，叫玛旺戈扎。有一个小喇嘛庙，庙里有一位活佛，一位香灯师，还有8个喇嘛。庙旁边有一个山洞，洞里有红土，说是红土能吃，有糌粑味。我们吃了一点，肚子痛得厉害。洞里有泉水流出，说是牛奶水，我们喝了，就是普普通通的水。有人把水装进竹筒，带回家乡分给邻居亲友。我们到的时候，洞口聚集了四五十人，藏族人、门巴人、僜人、珞巴人都有，都在等神门打开。后来活佛说了，你们没有福气，今年神门不会开了，我们只好离开了。

离开玛旺戈扎，又去朝拜墨脱东边的衮堆颇章神山。这是一座很高、很峻峭的山。跟多雄拉一样，冬春两季是雪山，夏秋两季是崖石山。山上有许多岩洞，洞里有许多人修禅，藏族人、门巴人、印度人都有。山下有三个美丽的湖，湖水洁净湛蓝，湖里有很多鱼。据说吃了湖里的鱼，死后不会下地狱。山林里有许多珍禽异兽，我们别说没见过，听也没有听说过。有一种鸟有五色、七色的羽毛，会念经，见人便这样念：“得得曲吉林巴！得得曲吉林巴！”意思是：“把佛宝取出来！把佛宝取出来！”围绕衮堆颇章神山，转经朝圣的人很多，转经人中间，时不时发生纠纷，甚至互相仇杀。有一回，从墨脱北部的金珠地方，来了7个康巴人，和察隅的珞巴人发生冲突，康巴人用刀，珞巴人用枪，你打我，我杀你，双方互不相让。最后，康巴人死了5个，珞巴人跑得无踪无影。

在衮堆颇章神山下待了两年，我们朝山季节要饭，封山季节做些手工艺品出卖。妈妈得了热病，怎么也不好，当地门巴人心善，给我们盐，给我们玉米面，妈妈什么也吃不下，玉米糊糊也吃不下，没有办法，全家又到了易贡北。翻过多雄拉，到了工布地区；去了一次山南，参加了猴年转扎日神山的活动；又去了一次拉萨，看了藏历正月的传昭大法会。回工布的路上，妈妈丢下我们一家人，病死在阿沛地方。

我的妻子叫白玛玉珍，老家在巴塘，我们在朝佛路上结识，后来我俩互生情意，组成了家庭。那一年我25岁，她18岁。我们两口子在派村住下来，给人家打短工，报酬一天一升糌粑，直至1959年民主改革。

那一天是7月23日，我正在记日记，只听得招待所后面山路上，人声嘈杂，热闹喧腾。次旦多吉飞跑进来说：“廖老师，快去看！墨脱县参观团的人，已经从山那边过来了。”我俩匆忙走到门口，只见二三十个身着门巴族、珞巴族和藏族传统服饰的男女，正从招待所门外鱼贯而入。队伍最后面是一位肢体残废的老人。他不能走路，全靠手脚并用向前爬，像一只黑色的大蜘蛛。我想，像他这样，如何能走出墨脱？如何能爬过高耸云霄的多雄拉大雪山？又如何能到西藏各地参观访问？他的状况使我极度震撼，极度同情，也由衷地敬佩。我跟在他身后，走进他的房间。

“这位老师，您请坐，您请随便坐！”

刚开始我有点懵了，后来才发现，这么纯正、娴熟、带敬语的拉萨话，居然出自这肢体残废、走路靠爬行的老人之口，不由得暗暗吃惊。他坐在土制沙发上，表情愉快而轻松。这回狼狈的是我，我毫无思想准备，像一个犯了错误的小学生，勉强蹭挨着他坐下。

“老人家，请问，您尊姓大名？”我问。

“我叫白嘎，墨脱县参事室副主任，全县的人都知道！”老人回答得很爽快，言词中不无得意的神色。我没有想太多，便直面他的肢体问题。

“白嘎副主任，我想问一问，您的身体怎么会伤成这样？为什么又有如此巨大的毅力让您翻越多雄拉大雪山，到西藏各地去参观？”

我这么一问，白嘎老人表情变得十分生动，接下来娓娓动听地述说起自己的身世和遭际，这是我进墨脱之前头一次采访墨脱人。

## 珞巴奇人白嘎传奇

白嘎老人

我家住墨脱县东布村，阿妈是珞巴人，阿爸是康巴人，我身上长着康巴人的骨头，流着珞巴人的血，因此我有强壮的体魄和坚忍的性格。

墨脱早先是珞巴人的地方，天是珞巴人的天，地是珞巴人的地。后来传入佛教，来了活佛，盖了佛寺，墨脱又有了一个名字，叫“莲花宝地白玛衮”。门珞械斗，波密土王趁机插手，统治了墨脱地区。后来西藏地方政府和波密王打仗，波密土王失败了。拉萨的色拉寺成了墨脱的主人。色拉寺每隔三年，派来一位县官，治理墨脱地区。

我25岁那年，新任县官阿旺贡布进墨脱上任。全县各村各寨摊派了75个民夫，专程到米林派村迎接县官上任，我也是民夫中的一员。阿旺贡布身高体胖，像一头大狗熊。从派村到县衙门，要走11天。他脚不挨地，鞋不沾泥，一路由民夫背着走。他还带了大量盐巴、氆氇、茶叶、布匹，准备用来换取墨脱人的麝香、熊胆、虎皮和黄连等贵重土特产品。

我被分派侍候他的生活起居。阿旺贡布看我身强力壮，办事麻利，又是半个康巴人，能讲一口流利的藏语，便让我担任他的“阿柱更巴”，也就是首席保镖。

阿旺贡布上任后的第一件大事，便是到雅鲁藏布江下游的达昂区去收取差物和赋税。有消息传来，英国军队正向达昂区一带推进。阿旺贡布是色拉寺的大喇嘛，脾气十分火爆，听说后气得嗷嗷叫。他立刻带着5个区的区长和我，顺雅鲁藏布江而下，赶到达昂区嘎高地方，遇上了英国军队。英军头目又高又瘦，戴着眼镜，像一根麻秆。阿旺贡布冲着麻秆吼道：“达昂从来就是我们西藏的土地，你们凭什么来横行霸道？你们有没有依据？有没有文书？如果有，快拿出来看看；如果没有，赶快带着你们的洋枪洋炮滚蛋！”英国头目并没有发火，满脸堆笑地说：“县官先生，请不要生气。这一带地方，早就应该归属大英帝国了。文书上写了，地图上也画了。这回我走得匆忙，文书和地图都忘在新德里了。我看这样吧，明年这个时候，我带上文书和地图，咱们再碰面。”

第二年，阿旺贡布准时带领 5 个区长出发。为了显示实力，他自己挎上一支驳壳枪，让我背了一支七九式步枪。调集了 100 多个民兵，身背火枪，腰挎长刀和弓箭，打着皮鼓，吹着铜号，雄赳赳、气昂昂地开到达昂地方。英国首领也来了，双方隔着希绕巴登河安营扎寨，接着开始谈判。阿旺贡布问英国麻秆：“文书带来了没有?”英国人摇头。又问：“地图带来了没有?”英国人又摇头。这下阿旺贡布肺都气炸了，说：“去年你说有什么文书，有什么地图，今年连一张纸片也没有带来，你们太欺负人了！太小看人了！现在什么也不要说，就我和你，一对一地拼个你死我活，你是妈妈的儿子，我也是妈妈的儿子。谁赢了谁是好汉，谁死了谁活该!”阿旺贡布说到这里，一把抓住英国麻秆的前胸，像老鹰抓小鸡一样把他举了起来。英国头目吓得瑟瑟发抖，通司吓得结结巴巴，不敢翻译。阿旺贡布放下麻杆，一群拿枪的警卫，保护他坐船过河去了。从这以后好几天，英国人不敢过来，架着机枪大炮进行警戒。阿旺贡布每天到河边叫骂，叫他们有种的过来决斗。第四天，英国人又过河来了，他们抓住了阿旺贡布的弱点：一是爱财，二是爱面子，给他送了一副望远镜，又送了一些毛料和洋烟，同意他在嘎高地方再收一年的差，放一年的债。阿旺贡布很高兴，给英国人回送了奶渣、鸡蛋和氆氇，便打道回府了。

回到墨脱县衙门，我得罪了县官阿旺贡布。他是色拉寺的大喇嘛，他带的人也都是喇嘛。按理说，喇嘛修行持戒，第一要戒杀生；第二要戒淫乱。阿旺贡布的管家和随从，到墨脱以后，到处乱搞女人，有的人还霸占有夫之妇。我性子直，如实向阿旺贡布报告，阿旺贡布袒护自己的亲信，反过来说我造谣生事，诬赖好人，打了我100皮鞭，抄了我的家，把我关进大狱。一个风雨之夜，我逃出监狱，跑到仁青崩山上，在喇嘛绛丹的修行洞里躲藏了三天，便偷偷跑到雅鲁藏布江下游玛旺戈扎珞巴部落去了。那里是我妈妈的老家。

我在玛旺戈扎待了两年，打打野兽，做做生意。听说阿旺贡布回拉萨去了，新来了一个县官，是个麻子，比阿旺贡布还厉害。我用全部积蓄，从当地珞巴人手里，买了一张金黄金黄的上等虎皮，大着胆子回到墨脱县衙门，把虎皮献给了新来的麻子县官，麻子县官很满意，恢复了我首席保镖的差使。

解放军进军西藏，藏军在昌都打了败仗，各种谣言像蚊子一样飞进墨脱山沟。麻子县官不止一次对我们说："红汉人吃人，听说专门吃胖子，佛爷保佑他们千万不要到墨脱来啊！"可是，时隔不久，解放军到了雪山那边的倾多寺。麻子县官带着墨脱4个区的区长和我，急急忙忙赶到波密倾多寺，名义上是欢迎解放军，实际上却是摸一摸解放军的底细。进了军营，见到了部队的首长，献上了哈达，送了虎皮和蔓加酒。解放军首长格外高兴，用好酒好菜宴请麻子县官，还给县官和我们每一个人送了茶叶、皮鞋、罐头等很多礼物。席间，麻子县官一再请求："我们墨脱山沟很穷很穷，除了石头还是石头。请中央的大军千万不要到墨脱来，至少今后两三年不要来。"解放军首长回答说："部队进不进墨脱，完全听上级的安排。再说我们如果进去，也是为了保卫边防，不会骚扰老百姓的。"酒宴结束，回到住地，麻子县官喝醉了，倒在垫子上打起了呼噜。我又悄悄进了军营，对解放军首长说：“本布啦，墨脱的老百姓太苦了，墨脱的头人太坏了，你们快点来解放我们吧！”

1952年夏天，麻子县官最害怕的事情发生了。一个小小的解放军先遣小组，穿过茫茫原始森林，进入墨脱县城所在的东布村。他们给村民的印象是：说话和气，帮老百姓干活，买东西给大洋。先遣小组在东布村开了一次座谈会，各式各样的人物都应邀参加。刚开始你看我，我看你，谁也不说话。我憋不住了，第一个站起来发言：“早先的时候，县官的亲信们糟蹋村里的妇女，不准我讲话，讲了就打屁股、抄家、蹲大狱。现在解放军来了，我们有了说话的权利！”德尔贡村的林珠冈仁接着说：“对！过去我们墨脱也来过汉人，不过他们是旧汉人，今天来的是新汉人。谁慈爱谁是父母，谁公正谁是长官。现在来的红汉人和旧汉人不一样，和色拉寺派来的县官们更不一样。”

从这以后，墨脱的情况一天比一天好起来。1956年，地方政府和解放军组成了联合政权，我当上了民政科长，每个月领两三百块白花花的大洋。1957年，中央决定推迟改革，墨脱的解放军撤回林芝，色拉寺的县官们又耀武扬威了。

解放军走了，我珞巴白嘎的靠山没有了，白花花的大洋也没有人发了。我有家要养活，有儿女要吃饭。我没有办法，只好扛起火枪，上山打野兽。我替自己家打猎，也替全村人打猎，我成了打猎“专业户”。只要我上山，总要放倒两三头喜马拉雅野牛，还有野猪、雪豹、黑熊等猛兽。野牛藏语叫“则涅”，脑袋大，尾巴短，躯体肥壮，肉味鲜美。一头大野牛的肉，要八九个人背，一头小野牛的肉，也得三四个人背。缺少食物的季节，村里人都请求我牵头打猎。那一年藏历新年之前，我和村里人结伴上山，天一直下着大雨，大家在崖洞里窝了一夜，第二天早起，大雪纷飞，四下白茫茫一片，我们东跑西颠，找不到野牛的影子。从上午到中午，从中午到下午，只打到一只大白松鸡，采了一堆黄连，按当地的说法，这些都是不吉利的兆头。傍晚时分，树丛里窜出一头凶猛的公野牛，我开了一枪，野牛受了伤，还是往前窜，我又开了一枪，没有能撂倒，牛滚下了陡坡，我顺势滑了下去。下面是一片悬崖，万万没有想到的是，那只被我打伤的公野牛，正靠在崖壁上喘粗气，一对大眼睛充满愤怒，野牛受了伤，会比平日凶猛千百倍。我倒抽了一口冷气，还没有来得及戒备，它便窜了过来，双角把我挑起，扔向半空，我掉落在千丈悬崖下。

也不知过了多久，我从昏迷中苏醒，发觉自己仰面朝天，躺在沼泽里。头上的天很蓝很蓝，月亮很圆很圆，星星很亮很亮，昨天我摔下的悬崖，确实高得吓人，比拉萨布达拉宫还要高，那只顶撞我的野牛，也从山崖顶滚落，挂在石缝里长出的一棵大松树上。冷风吹过，身上好比万箭穿心，我用手摸了摸大腿，全是黏糊糊的血。我再一次苏醒，大概是第二天中午了。同伴们找到了我，刚开始他们以为我死了，后来发现还没有断气，便把我从水坑里捞了出来，两个人到东布村报信，一个人看住死野牛，四个人用藤条扎成担架，轮流抬着我往回走，一路上我死了又活，活了又死，总共走了8天，才回到东布村。

家人把我放在木楼上，跟一具死尸差不多，不能吃，也不能喝，身子不能动。妻子用滚烫的蔓加酒，掺一些糌粑面，灌进我的嘴里。我吃了3个麝香、5个熊胆，整整躺了半年，总算又活过来了，可是断了一条腿，不能走，只能爬。我爬着去种菜，爬着去下地，爬着去打猎，不能到高山上去打野牛了，便在庄稼地周边打野猪。残废以后，我还打了15头野猪、5只鹿、一头大黑熊。1962年，解放军再次进入墨脱，建立了人民政权，我先后担任县参事室参事、副主任，照样爬着去开会，爬着去学习。这不，我还要爬着到拉萨和各地区参观学习，真不错！

一个多月后，我和次旦多吉在百崩附近的山路上，碰上了返回墨脱县城的参观团。白嘎老人端坐在一匹大红马上，满面红光，神采奕奕，热情地跟我们打招呼，俨然一个得胜归来的将军。

## 翻越多雄拉雪山

作为青藏高原和南亚次大陆分水岭的喜马拉雅山多雄拉雪峰，矗立在派村的南缘。从这里的各个方位，都能看到它巍峨挺拔的雪峰，在蓝天白云之间银光闪闪，令人震撼，令人神往！我一直对这座雪峰情有独钟，一是我行将用自己的双脚，从它白雪皑皑的峰峦上跨过；二是多年来，我听到了一个又一个多雄拉山上发生的惨祸。记得离开拉萨之前，冀文正同志一再告诫我翻越多雄拉雪山要小心又小心，他跟我讲过几桩多雄拉山上遇险的往事。

## 多雄拉雪山的白骨

冀文正

多雄拉比起卫藏地区的一些雪山冰峰，不算最高，也不算最险，但是它地处寒带和热带气流交汇的中心，气候变化无常，地质复杂多变，什么事故都有可能发生。雪崩、地震、塌方、冰窟窿，时刻威胁着人的生命。每年只有7、8、9三个月，山上冰雪减少，比较适合过山。过去的年代，墨脱人背运大米、辣椒、染料等物资，送到多雄拉北面的派村，给地方政府交差，往往遭遇大风大雪的恶劣天气，支差人惨死的事累累发生。例如1948年10月18日，西然村18人背米过山，遇到特大雪崩，全体差民都被冰雪掩埋，没有一个人能逃脱厄运。直到第二年冰消雪化，尸体都被老鹰吃光，只剩下一大片森森白骨。1950年7月2日，200多个墨脱差民，从派村支差返回，在多雄拉山上遇到特大地震，几十个人在崩塌的崖石底下丧生，连一个报信的人也未能逃出去。

山上的天气一直不好，墨脱县来接医疗小组的民工总也不见过山来。我们在转运站等了一天又一天，耳朵里听的、心里想的都是些山上出事故的坏消息。我再也不能安心看资料、记笔记了，便和次旦多吉一起，像没头苍蝇似的，在转运站到处转悠，打探山上的情况。有一次，碰巧遇到墨脱独立营一连指导员戴伦，他听说我们要进墨脱，连连提醒我们翻越多雄拉一定要小心，并讲了前不久5名战士在山上牺牲的经过。

# 多雄拉上的惨剧

戴伦

6月底，有两支科考队进墨脱调查考察，上级通知边防连队派出一个班的战士，由一个姓廖的副排长带队，护送科考人员，还要替科考队背一部分器材。出发前的晚上，天气非常恶劣，瓢泼大雨下个不停。刚从四川老家新婚回来的廖排长，又得一喜讯，妻子怀了娃娃，喜上加喜，自然格外开心。几个老乡聚在一起，打打扑克，喝喝小酒，摆摆龙门阵。半夜过后，雨住了，风停了，廖副排长兴致很高，招呼战士们出发。谁知登到多雄拉山顶，才发现天气非常糟糕，风大雪狂，天昏地暗，大雨把身上淋得透湿，背上的器材越背越重，根本找不到下山的路，走在前面的三个战士，只好试探着往前走，一不小心，从冰坡滑落万丈悬崖，廖副排长慌了神，赶到前面探路，没想到一下子掉进冰窟窿，被奔腾的雪水卷下了高坡。有一个叫小刘的新战士，连溜带滑总算到了山下，北风吹，冷雨淋，冻得没有办法，他想起背篼里有一瓶江津白酒，顺势坐在路边石头上准备喝点酒，暖暖身子再走，可是手冻僵了，牙齿冷得直打战，酒瓶盖都没来得及拧开，便冻僵在多雄拉南坡。

这一趟牺牲了5位战士，真是一幕悲剧、一幕惨剧，留下了许多惨痛的教训。其实5位战士的死是完全可以避免的。问题出在我们有些同志粗心大意，马马虎虎，总觉得自己年轻力壮，有翻山经验，对多雄拉的凶险估计不足，最后酿成无法弥补的损失。事后部队总结，有许多教训应当吸取。一是要弄清楚山上的气象情况；二是要有熟悉山路的人带领；三是千万不要在夜间或

**下午翻山；四是一定要做好充分的准备，衣服要带充足，背包不能过重，伤风感冒不能翻山。**

7 月 27 日，我们到派村的第七天。墨脱县来接医疗小组的人还是没有来。田局长着急，胡医生着急，我和次旦多吉更着急。无人带路，又不敢贸然翻山，那些令人心惊胆战的故事，还在耳边回响。那天中午，胡医生跑来找我，说：“县里有个徐大姐，刚刚休假回来，急于要赶回墨脱，答应领我们翻山，你俩如果愿意，最好结伴同行。”我们求之不得，马上跟着胡医生，去见徐大姐。徐大姐是个三十多岁的女同志，大大的眼睛，圆圆的脸，一副精明能干的样子。她曾多次翻越多雄拉雪山，有丰富的经验。她用坚定的语气对我们说：“翻山没有别的窍门，听我的指挥就行了。”接着她又宣布：“今天做好一切准备，明天 5 点起床，6 点出发。”

我是个容易激动的人，想着明天就要翻山，想着山上发生的种种故事，翻来覆去睡不着，半夜过后才合眼，一觉醒来，天已经放亮，翻身爬起床，背上背包往外走。次旦多吉忙说：“昨夜大雨落通宵，今天可能不走了。”这些我一点都不知道，只好放下背包，呆呆地看着窗外的天空。7 点过后，大雨停了，檐间尚有滴答声。徐大姐收拾停当，在门外大喊一声：“出发！”我看了看表，8 点差一刻。

雨过天晴，云开日出，处处鸟雀啁啾，林木绿得晃眼。我们背着背包，打着绑腿，脚穿解放鞋，手拄杂木棍，从招待所鱼贯而出，很有些雄赳赳、气昂昂的样子。穿过青杠、桦树、樟木组成的阔叶林区，攀登青松、冷杉、云松组成的针叶林区，3 小时后，抵达山腰的松林口，山路到此为止，再往上，便要手脚并用地往上爬了。徐大姐让我们稍事休息，吃一些点心，准备冲击顶峰。这里居高临下，视角极佳。放眼望去，脚下是郁郁葱葱、无边无涯的原始森林；往上是数百米高的悬崖怪石；再往上，是金字塔形状的雪峰，白似水晶，美如冠玉，高擎蓝天，绝世独立。这就是多雄拉的顶峰，我简直不敢相信，等一会要用自己的脚，爬上这片60度斜面的雪坡。它比我想象的还要雄伟，还要壮观，还要神奇！

走过草甸区，攀上崖石区，视线往西一转，发现陡峭的雪坡，端端地矗立在我们面前。徐大姐叫住大家，讲了几条注意事项：第一，成单行依次而上，不要东张西望；第二，后一个人一定要紧跟前一个人踩出的雪坑；第三，每走一步，都要用木棍把身体支撑牢实，再迈第二步，以免滚落雪坡，酿成重大事故。此时此刻，我们都是最听话的小学生，徐大姐说一句，我们应一句，比听佛音还虔诚。她自告奋勇，领头登山，压队的是次旦多吉，次旦的前面是我。他比我年轻，身体比我结实，进墨脱的行装，大部分由他背负，我示意他到前面去，我在后面慢慢走着没有关系。很快，太阳消隐，气候大变，一团团白云，从高山深谷里赛马般地奔来，整个雪峰顿时都为浓云密雾所淹没，我们的视线不到两三米，前面的人影已经消失，我只能在云雾中摸索行进。我没有慌张，也没有害怕，只是踩着前人踩出的雪坑，沉稳、坚定地往上攀登，一步，一步，又一步，我心想，这真是一步一个脚印啊！积雪很深，大约50厘米，刚好没到膝盖。

爬了大约40分钟，云层上面传来一声声叫唤：“格嗨嗨！吉吉！索索！拉结罗！”一听，是次旦多吉的声音，又低沉，又粗犷，无形中鼓舞了我，我加快了脚步。云雾开始消散，积雪逐渐稀薄，在我们前面，展现出巨石嶙峋的雪山绝顶，次旦多吉站在乱石堆中，手舞足蹈，鼓动着我加快步伐。我们互相搀扶着在崖石间跌跌撞撞地行进，四周一片荒寂，寒风刺骨，我们仿佛进入了亘古洪荒的远古，又好像来到了月球，除了几面飘摇的风马旗，没有一点儿人类活动的痕迹。我取下照相机，请次旦多吉“定格”一张影像，立刻遭到徐大姐的制止，说：“不要拍照了，赶紧走！你们看，风雪和冰雹已经奔过来了！本来应该 12 点钟以前过山的，现在都 1 点过了！”她这么一说，我们也感到事态严重，匆匆拍完照片，逃命一样慌不择路，在崖峰乱石间一路狂奔上了雪山垭口。

这里被称为鬼门关，又叫阴阳界。往北望去，远远近近，全是白雪覆盖的峰峦，一座比一座高峻，一座比一座洁白，它们竞相升高，竞相隆起。当然最雄伟的，还是海拔 7782 米的南迦巴瓦峰和海拔 7151 米的加拉白垒峰，这些举世闻名的高峰，与我们默然相对。再往前走一段，已是多雄拉南坡，那里的风光景物，再一次令我们惊心动魄，震撼不已。由于印度洋热带气流的猛烈冲击，南坡高山化雪，冰川融化，瀑布飞射，雪水奔腾！风声、水声、瀑布声，构成了震耳欲聋的奏鸣曲；东坡西坡，高山低谷，完全沉浸在一片强烈的动静之中。一切的一切，是那样的白，那样的静，那样的美，那样的神圣，没有任何声响，没有丝毫动感，仿佛它们正在沉思，正在禅定，已进入永恒的梦境。山坡上、草甸上，大地回暖，草木返青，百花怒放，色彩缤纷，令人眼花缭乱，目不暇接！而在我们极目所至的地方，天之涯，海之角，高高低低，鳞次栉比，横陈着千座山，万座山，白的山，青的山，都匍匐在多雄拉的脚下，如万马奔腾，如海涛汹涌，一波接着一波地奔来，向地球上最伟大的圣山喜马拉雅顶礼致敬！这是大自然的杰作，也是地球人难得一睹的奇观！我们身临佳境，感慨万千。胡医生说："百闻不如一见！"田局长说："果然名不虚传！"我说："人生又多一番阅历矣！"胡医生还吟诵起李白的《望庐山瀑布》，最后又补充了一句："比起多雄拉来，香炉峰瀑布，只是小巫见大巫罢了！"

雪山口被茫茫的冰雪覆盖，根本找不到下山的路，靠近山崖边，是一个又一个黑色的冰窟窿，像魔鬼咧开的大嘴，融化的雪水，在冰窟窿下面横冲直撞，声音震耳欲聋，让人心悸不已。徐大姐说："今天没有人过山，如果有人过山，会踩出新鲜的脚印，我们可以跟着脚印走。现在只有凭自己的感觉走了。这样吧！你们跟在我后面，一边走，一边用木棍敲打地面。敲起来声音如果是嘣嘣嘣，说明冰雪下面是土石，可以放心地走；敲起来声音如果是嗡嗡嗡，下面可能是冰洞，千万不能再走了！"

于是，我们像盲人过街一般，一个紧跟一个，一边用木棍敲击地面，一边小心翼翼地挪步。我还是走在最后，因为贪看山下的风景，和大家拉开了一段距离。我一时慌了神，走错了方向。突然发现自己走到了冰窟窿的边沿，不由得大吃一惊，赶快往后撤，无奈两腿发软，差一点挪不动步子。干脆一屁股坐在冰雪上，手脚并用地往后挪，确信挪到了安全区，才缓缓地站起，快步跟上队伍。

下山不比上山轻松，甚至更为艰苦。南坡的地质构造和北坡大致相似，也分冰雪区、崖石区、草甸区、丛林区，但是更陡峭，更湿滑，更危险！我们你扶着我，我拉着你，像突出重围的逃兵，胆战心惊地过了冰雪区；提心吊胆地下了崖石区；连滚带溜，一身泥、一身水地滑下草甸区。次旦多吉说：“刚才，我们一步一步，从人间爬到天上；现在，连溜带滑，又从天上滚落人间！”下山的路如羊肠细，高挂山崖，由于雨水、山洪和泥石流的冲刷，不少地方已经垮塌，我们必须爬过去或者跳过去。山崖下一座座雪水湖，造型优美，线条柔和，有的像眼镜，有的像玉盆，有的像弯月，绿水淼淼，幽深莫测。万一失足，掉落下去，真的到了纳西族人向往的“玉龙第三国”，再也别想回来了。

傍晚时分，终于下到山麓，这里不像北坡那样树木葱茏，到处是杂草、乱石和灌木丛。近百个解放军战士，在寒风冷雨中披荆斩棘，翻修道路，他们的工作非常艰辛，一个个满身尘土满脸泥。忽然，有两个小战士离开工地向我跑来，一边跑一边喊：“小廖老师！”“小廖叔叔！”走近一看，原来一个是墨竹工卡县藏戏小演员普穷，另一个是西藏歌舞团著名舞蹈家阿克拉的公子。绝域逢相识，他乡遇故知，小伙子们亲热得不得了，又是贴脸，又是拉手，坚持让我到他们的工棚里坐一坐。他们拿起搪瓷缸，放了半缸子白糖，冲进滚开的开水，请我扎扎实实喝了四大缸，喝得我浑身发热，对于又饥、又渴、又困、又累的我，不啻神仙甘露。他们一再挽留我吃饭甚至睡上一觉再走，我担心同伴在前面等候，坚决辞谢了他们，追赶自己的同伴。

紧赶慢赶，大约走了一两里地，发现同伴们正在一个大崖洞外面等我，他们一边烤着火，一边啃着干粮。徐大姐说：“这个地方叫拉格，以前有个食宿站，今年食宿站还没有建起来。我们只好在山洞里对付一夜了。”她从打前站的熟人那里，借来了三床毛毯，田局长和小洪合盖一床，我和胡汝国合盖一床，剩下次旦多吉，只好和徐大姐合用一床了。崖洞名叫“贡巴节姆”，住在洞中，倒是别有情趣，胡医生戏称为“洞窟宾馆”。这里应该比北坡暖和，可是半夜过后，寒风灌了进来，在洞中回旋呼啸，冻得我们全身发抖，根本没法入眠，幸亏小洪自告奋勇，爬起来燃柴生火，山洞渐渐暖和，使我们度过了进墨脱途中第一个“洞窟宾馆”之夜。

## 杜鹃花海和旱蚂蟥区

清早起身，走出山洞，第一个感觉是，伟大的喜马拉雅山，不是像往常一样的立在我们南边，而是巍然挺立在我们的北侧，证明我们昨天确确实实用自己的两只脚，翻过了这座地球上最雄伟、最崇高的山。

我们往前行进，就像掉入了无边无涯、苍翠浩瀚的森林之海，高低起伏的山丘和河谷两岸，全被参天的大树所覆盖，名目繁多的亚热带植物，郁郁葱葱，铺天盖地。道路早已被茅草灌木淹没，我们只有在徐大姐带领下，在深绿色的林海里，忽东忽西，左右迂回，在泥里、水里试探着前行。路边时而是深绿如墨的青杠林，时而是叶如伞盖的阔叶林，时而是萝藤如网的针叶林，越走树越高，越走林越密，越走光线越昏暗，空气令人窒息，我们好像陷入了森林之神的迷魂阵。

就在前面不远的地方，散布着数百株杜鹃花树。时令正是夏天，花朵开得繁茂。记得我的家乡长沙岳麓山，每年春天漫山遍野开满“映山红”。那时读中学的我，总爱和男女同学结伴，上山看花观景，摘下大把大把的鲜花，有的簪在头上，有的送给老师，有的装饰宿舍和教室，一时我们的周围成了花花世界。可是家乡的杜鹃，都是低矮的灌木丛，开出的花小小巧巧。而墨脱的杜鹃花树，威武雄壮，高达数丈，盘根错节，参天凌云，花儿一朵一朵，一蓬一蓬，红的鲜红，白的雪白，黄的金黄，开得大气，开得热烈，开得辉煌，开得威武，放眼望去，如片片朝霞，如团团彩雾，万紫千红，争奇斗艳。这样的旷世奇观，无论在哪个城市附近，都会引得游人纷至沓来，争相观赏。然而我面前的奇花异树，却长在边塞天涯，雪山荒谷，年年只能自开自谢，寂寥落寞，无人赏识，无人喝彩。即使像我们这些想看花的人，也只能是匆匆过客，既没有心绪，也没有时间停留。

在徐大姐的带领下，我们穿越杜鹃花树丛。杜鹃花枝干像长蛇般地上下缠绕，花朵一片连着一片，一层又一层。林子变得幽暗潮湿，阴森怪异，而我们脚下，堆积着多年的落花落叶，走起来海绵般地富有弹性。徐大姐不失时机地提醒大家，有的地方落叶很深，可以埋人，掉下去很难爬出来，务必多加小心！

也不知过了多长时间，终于走出了幽暗的杜鹃花林，杜鹃花林变成了杜鹃花路。鲜花怒放的树，分列在路的两旁，构成一条长长的林荫道，说是道路，却是水沟；说是水沟，又是唯一的路。我们只好卷起裤腿，高一脚低一脚涉水前进。11 点多钟，杜鹃花树渐渐稀疏，积水消退，路上布满乱石和杂草。跌宕起伏的山涧，从多雄拉雪山上飞花碎雪奔涌而来，涛声震动峡谷。后来我才知道，那就是墨脱著名神水白玛协曲的源头，译成汉语叫“莲花水晶河”。此后两三天，我们一直伴着这条河时远时近、若即若离地赶路，直到它汇入滔滔的雅鲁藏布江。

路的左边，突起一座崖峰，崖峰上有一石洞。徐大姐说：

“拉格食宿站建立之前，进出墨脱的干部群众，大都在这个山洞里打尖、过夜。”正在我们抬头观看山洞之时，胡汝国医生突然发出惨叫：“我的妈呀，蚂蟥！”我们低头一看，果然他的腿脚上，爬着四五条黑凄凄的旱蚂蟥，还有更多它们的同类，正从四面八方朝我们蜿蜒弹射而来，我们如同陷入了敌人的包围圈，一个个吓得心惊肉跳，不知如何应对。这时，徐大姐也恍然大悟，说：“我都忘了，从这里开始，进入了旱蚂蟥区！”

可以毫不夸张地说，正是从大山洞下面开始，每一蓬灌木，每一处草丛，都潜伏着数目不等的旱蚂蟥。只要闻到人气，听到脚步声，它们便在枝头蠕动，在草尖狂舞，向人们发动意想不到、防不胜防的进攻。尽管脚上穿着密封的解放鞋，腿上裹着层层密密的绑腿，它们仍然有恃无恐地从鞋带洞里入侵，从绑腿缝里钻进，从草尖弹射到你的前胸和后背，从树上空降到你的脖颈和头顶。每到一个安全的地方，大家全身上下稍加搜索，便会发现三五条甚至更多的蚂蟥，叮在各个不同的部位纹丝不动，尽情地吸着你的血，有些隐蔽的地方根本看不到它，只有等它血吸够了，肿胀成指头那么粗，它才会自动脱落，在你的衣服上、袜子上、鞋子里，留下大片大片的血迹。

人为万物之灵，对于蚂蟥这种低级软体动物，也不会束手无策。我们几个人，各自都有对付的办法。次旦多吉和小洪，总是燃起一根烟卷，发现某个部位有蚂蟥，便用烟头去烧，蚂蟥怕烫，很快乖乖地脱落。田局长和胡汝国都是医生，他们用碘酒对付。我既不会抽烟，又没有医生的碘酒，对付蚂蟥，还是沿袭少年时代的老办法，用巴掌抽打。在我小时候，最喜欢到溪涧摸鱼，到水田捉泥鳅、拣田螺。家乡也有蚂蟥，不过是水蚂蟥，体形更小，跟火柴棍差不多，叮在手上、腿上，也很顽固，不会轻易脱落，同伴们吓得大喊大叫，我往往用巴掌抽打，把皮肤打红了，最后还是可以把它们打掉。墨脱的旱蚂蟥，比家乡的水蚂蟥更狡猾，身上某些部位，例如脖颈、后背，巴掌根本无法企及，只好央求同伴，用碘酒棉球对付。就这样，我们打打停停，停停打打，一边赶着路，一边和蚂蟥作战，忙得不可开交。沿途的奇山丽水，亚热带风光，都无暇欣赏。胡汝国说："墨脱虽然美如仙境，这些可恶的蚂蟥，却让我们恶心！"

傍晚时分，抵达汉密兵营。兵营建在悬崖峭壁下面，有几间木板屋，还有几顶帐篷。这里是解放军墨脱独立营一连连部，还有驮运物资的修路指挥部。走进连部，见到了指导员戴伦，前几天在派村转运站见过，有一面之缘，已经是熟人了，没想到他这么快便回到了部队。见我们一瘸一拐、狼狈不堪的模样，戴伦既热情，又同情，吩咐伙房做了热饭、热菜，让我们吃饱吃好；又动员几个战士，到帐篷里过夜，腾出连部的几张床让我们睡。虽然是军用被褥木板床，比起贡巴节姆崖洞，好了不知多少倍，脑袋一碰枕头，便呼呼地进入了梦乡。

第二天清早起床，收拾行装，准备出发，竟然又看见三四条手指粗细的蚂蟥，正在木板墙上缓缓蠕动，如同黑色的魔影，次旦多吉说："唉！这里的蚂蟥，真的成精了。"

## 从阿尼桥哨所到玛尼翁军营

8 点 30 分，我们告别戴伦和一连战士，继续墨脱的征程。不久，路边开始出现青棕树，还有芭蕉林，这些热带植物，在西藏腹地是根本看不到的。青棕树被墨脱人称为糌粑树，饥荒时节可以充饥。10 点多钟，树林里出现猴子、锦鸡、松鼠，还有啄木鸟。知了的鸣声此起彼伏，震耳欲聋。冀文正告诉过我，墨脱森林中有一种犀鸟，体形巨大，羽毛美丽，嘴喙像犀牛角。它的叫声很独特，传说墨脱的鸟儿会念经，指的就是犀鸟。我一直希望能看到这种鸟儿，最后眼睛都看痛了，也没有发现它们的踪影。

日近中午，爬上一座很陡的山，山路两侧是密密的热带雨林，太阳像火球一般燎烤，我们像闷在蒸笼里的馒头，又热又累，苦不堪言。沿着陡坡慢慢下山，很快听到河水吼声如雷，坡谷为之摇晃。白玛协曲河从不远处奔来，乱石穿空，惊涛裂岸，像把势不可挡的巨斧，把好端端一座大石山劈成两半。前面的峭壁上，挂着一条弯弯曲曲的栈道。徐大姐说："这个地方叫老虎嘴，是进出墨脱最危险的地段，早先的人都得像猴子一样，背着沉重的背篓，从岩石上爬进爬出，一不小心，掉进急流，葬身鱼腹，不知有多少人丢掉了性命！摔死、淹死的骡马无法计算，比老虎的嘴巴还可怕！1965 年，墨脱境内修起从汉密到墨脱县委驻地的马行道，危险小多了。不过，现在的问题还很多，暴雨骤至，江河水猛涨，老虎嘴栈道上有瀑布飞流，下有河水淹没，我们必须小心又小心！"

我们一个跟着一个，像小学生放学，在徐大姐的带领下，走进老虎嘴栈道。栈道整个嵌入石壁之内，确实像老虎的嘴巴，瀑布在头上哗哗流淌，恰似孙悟空的洞府——水帘洞。脚下的石头长满苔藓，栈木有的已经腐朽，我们如临深渊，如履薄冰，注意又注意，一旦滑落河中，后果不堪设想，尸体只能到雅鲁藏布江里去寻找了。

下午3点多钟，到达阿尼桥。这是一座横跨白玛协曲河的钢索桥，桥头有两三间营房，住着几个守桥战士。走近桥头，战士们一个接着一个从木屋走出，站在两边欢迎，有点像迎接贵宾的仪仗队。我们的到来使战士们特别兴奋，如同看到久别的亲人。他们搬出一张张马扎，请我们坐下歇息；提来一壶壶开水，让我们喝足。接着和我们摆开了龙门阵，看样子他们特别愿意和人说话，似乎好久好久没有跟人痛痛快快地说话了。

守桥的班长叫罗中华，21岁，四川奉节人。他说：我们一年四季守卫在阿尼桥头，日子过得很孤单、很寂寞、很无聊。往上到汉密连部，要走大半天；往下到玛尼翁营部，也要走半天；往北到老百姓的村寨，要爬一天的山；往南是边防前哨，路更远了。每年我们就是守桥、劈柴、搬运、接待，7、8、9三个月，有背夫、驮运队过往，我们不会讲藏语、门巴语，跟哑巴差不多。从冬天到春天，多雄拉大雪封山，行人断了踪迹，有时三天五日，见不到一个人影。有一回，一位副县长的女儿，从阿尼桥路过，战士们特别好奇，追在后面看了一两里地，姑娘一状告到营长那里，战士们被营长狠狠刮了一顿鼻子。

罗班长言谈话语间，流露出对精神文化生活贫乏的不满，他说："我们这里没有书，没有报，没有收音机，没有电，更别说电视机了。听到的只有雷声和雨声、风声和水声，每天值勤之后，只有看山、看水、看云，想家乡，想父母，想对象。边防战士找对象难，墨脱兵找对象难上加难。去年我回家探亲，交了一个女朋友，我说墨脱山清水秀，四季花开，好比神仙住的地方。她说先通通信，互相了解了解，再考虑下一步。最倒霉的是，墨脱这个鬼地方，整整七八个月大雪封山，跟女朋友根本联系不上，写了信也邮不出去。今年开了山，联系上了，她以为我变了心，另外找了对象！”

我说：“看起来，你们这里条件是有待改善，但是，也可以因陋就简，自娱自乐嘛！”“老师说得对！我们都是年轻人，业余时间我们想方设法地玩，要不闷死了。”罗班长带着苦笑说：“可是有的能玩，有的不能玩。我们钓鱼玩。白玛协曲河里有的是鱼，从老乡那里一块钱买一个鱼钩，没事的时候到河边钓鱼，这里的鱼很笨，一天能钓一脸盆，我们烧鱼头，炖鱼汤，煮鱼尾，很快就吃厌了。我们养蜂玩，阿尼桥周围，蜜蜂多得不得了，叮在身上，以为是牛虻，一巴掌拍过去蜇得哭爹叫娘，我们弄了一个木箱，挂在墙上，蜜蜂跑来做窝酿蜜，我们还能吃上甜丝丝的蜜糖呢！有时和蚂蚁玩，看蚂蚁啃骨头，看蚂蚁搬家，一看就是小半天；有时和蚂蟥玩，把蚂蟥逮住剁成碎片，用小棍把蚂蟥翻过来，搁在太阳底下晒，天上落一点雨，它们又活过来了。有的东西不能玩。一是不能跟蛇玩。阿尼桥周围蛇最多，桥底下有个大蛇洞，住着比搪瓷缸还粗的蟒蛇，还有毒蛇，个头很小，毒性很大。有一回，一条毒蛇趴在小徐的枕头上，小徐以为是钢笔，抓了便往兜里揣，被毒蛇咬了一口，大家只好把他送到玛尼翁营部卫生院抢救。二是不能跟熊玩，阿尼桥山上，栖息着许多熊，常常下山来捣乱。特别是寒冬腊月，天寒地冻，山上缺乏食物，熊瞎子便下山偷东西。我们的木板房破了一个洞，它们不止一次从洞里钻进来，吃罐头，吃大米，吃猪油，把仓库弄得一塌糊涂。今年春天，一只黑熊深更半夜闯进屋子，先爬到李坤床上，坐在李坤的被子上，屁股乱墩，差一点把李坤墩死。接着跳到桌子上，弄得桌子左摇右晃。我们只有眼巴巴地看着它捣蛋，又不敢开枪，怕伤了自己人。最后只好敲打脸盆，总算把它吓跑了！”

喝了很多的开水，说了很多的话，我们拖着石头一样沉重的腿，重新踏上了进墨脱的行程。罗班长和守桥战士一直把我们送过阿尼桥，才恋恋不舍地返回。过了阿尼桥，前面有两条路，左边的路，攀缘上一座陡峭的高山；右边的路，顺着白玛协曲河往前伸展。徐大姐说：“从左边的路走，爬上易贡北高山，便到一个门巴族村寨，这是翻过多雄拉以后的第一个寨子。以前进墨脱的人都走这条路，因为霍纳地方有藤索桥，可以过雅鲁藏布江，抵达墨脱县政府所在地东布村。现在的人都改走右边的路，从玛尼翁地方过雅鲁藏布江上的金珠钢索大桥，往北便到了墨脱县城。”

我久久凝视近在咫尺、巍然挺立的易贡北山，它是那样的高，那样的陡峭，有点望而生畏。记得冀文正告诉过我，他那张著名的照片“差民背着宗本（县官）进墨脱”，就是在易贡北的山路上实地拍摄的。

## 县官坐在差民背上进墨脱

冀文正

1928 年藏波战争，西藏地方政府打败了波密土王噶南得巴，将墨脱地区划归色拉寺管辖，从 1933 年开始，历任墨脱县县官照例由色拉寺大喇嘛充当。1955 年，麻子县官卸职，大脖子县官上任，双方在米林派村办完了交接手续，我作为驻墨脱的先遣支队成员，有机会与新任县官同行，亲眼目睹了县官一路上由差民背进墨脱的情形。

新任县官带来6个助手，其中有一名管家、一名亲随、一名厨师。他将三个人留在派村，接收他从墨脱定期运出来的土特产品，其他人跟随县官到墨脱县衙门赴任。藏历十月，工布新年一过，县官就起程了。墨脱所属各区寨，摊派出75个差民到派村迎接。8个人背县官，5个人当警卫，其余的人负责背运盐巴、布匹、氆氇、青稞、酥油等物资，上任后发放给当地的老百姓，让他们上交虎骨、麝香、兽皮、茜草、黄连、鸡血藤、药材和大米等等。

背县官的差民，每个人准备一块木板，木板两端各拴一根藤索，木板搁在背上，藤索勒在额头，县官坐在木板上，差民背靠背背着走。县官们大都又高又胖，门巴人大都又矮又瘦，背上走出几十步，一个个累得满头是汗，气喘吁吁，腰压弯了，骨头快压断了。8个人轮流背，一个人只能背半个时辰，就得换人，要不实在受不了。尤其是爬多雄拉、易贡北等高山陡坡的时候，差民们实在太可怜了。

易贡北山山高、坡陡。差民背着县官实在累得不行，脑袋快要挨着地了，腿肚子不停地打战，可是县官坐在差民背上，洋洋自得地嗅着鼻烟，我在旁边看着，心里很是窝火，觉得人世间太不平等了，领主和农奴有着天壤之别。便装作撒尿，钻进一片密林，悄悄掏出照相机，把这人背人的奇观偷偷拍了下来。拍了一张，正要再拍一张，没想到被县官发现，他从差民背上蹦下来，大声怒吼："不要拍！"此时，快门已经按下，"咔嚓"一声，把他怒气冲冲的尊容也定格下来了。后来这张照片，刊登在许多报纸杂志上，引起国内外人士的广泛关注，被认为是西藏农奴制度的真实写照。

当天傍晚，我们抵达墨脱独立营营部所在地玛尼翁。受到营长、政委和指战员们的热情接待，他们让我们在营部休息一两天，调养一下身子，过八一建军节。徐大姐因为家里有孩子，辞谢了部队首长的款待，说是当天夜里要住到江东的百崩区，第二天再赶回墨脱县城。

玛尼翁位于白玛协曲河和雅鲁藏布江交汇的三角地带，坐落在一个椭圆形的山包上，有人把它比喻为茫茫林海中的绿色孤岛，又称为国防前线的坚强堡垒。解放军战士用勤劳的双手，在荒山、乱石、林莽间开出了座座果园、片片菜地，还有营房、花圃和运动场，创造了天涯边塞一个温馨的人居小环境。

独立营招待所有一处干净整洁的木头房。它比汗密的兵营舒服，比贡巴节姆山洞更舒服，至少没有神出鬼没的蚂蟥袭扰了。也许我高兴得有点过早了，这里也不是什么世外桃源，很快大自然便显示了它的强大威力。我们刚刚躺下，便刮起了大风，风越刮越大，越刮越凶，达到七八级，排山倒海，铺天盖地，参天的大树被吹得东摇西晃，满山的楠竹似乎要拦腰折断。木屋似乎成了在惊涛骇浪中颠簸的船。紧接着大雨倾盆而落，如同天河决口，大江倾泻，营房的铁皮屋顶遭到暴雨的轰击，发出震耳欲聋的巨响。我们一个个提心吊胆，担心暴雨和滚滚而来的山洪会把这幢木头房子卷到山下去。就在我们惊恐不安、无法入睡的时候，政委身着雨衣脚蹬雨靴钻了进来，笑着说：“各位不要惊慌，在我们玛尼翁，狂风暴雨是家常便饭。老天爷要刮风随它刮，要下雨随它下，大家只管安心睡觉，不会有危险的！”第二天清早起来，屋外照样是蓝天白云，风和日丽，风光秀美如画。

中午，独立营领导请我们赴宴，欢度八一建军节。路过此地的水电部勘测队、拉萨市卫生局医疗组的同志，还有我和次旦多吉都参加了。玛尼翁是驻墨脱部队的军营，实际上成了进出墨脱人员的一个接待站。各级党政干部、各类科考人员、影视拍摄人员、社会调查人员，都乐意在玛尼翁停留三天两日，调整心态，恢复体力，然后继续踏上艰苦行程。在酒宴上，我发现部队的营、连长脸红了，他在敬酒方面很有一套，一是会讲话，二是会喝酒，三是会劝酒。说起祝酒词一套一套的，从国际说到国内，从西藏说到墨脱，方方面面，滴水不漏；军官们喝酒都是海量，经过严格训练，三杯五杯一饮而尽，十杯八杯也是小意思。有人说墨脱海拔低，湿气重，喝酒不容易醉。他们劝酒的方法，可以说别具一格，据说是多年接待工作积累的经验。先是营长、政委给大家敬酒，各位随意，能喝多少喝多少，决不勉强。接下来副营长、副政委敬酒。如果有人不喝，他们一定会说："各位首长，是不是嫌我们官儿小，地位低，不给面子吧！"大家没有办法，只好干上一杯。接下来连长、指导员劝酒，副连长、副指导员劝酒，理由都是一样，你不想喝也得喝，不能喝也得喝。酒过多巡，菜过五味，酒宴上大部分客人均进入醉乡，我真佩服他们劝酒手段之高妙。不过我也有我的高招，酒宴开始，我便反客为主，端起酒杯，诚惶诚恐地站起，为部队和部队首长祝酒，说："各位首长，我前年得了心脏病，医生禁止我饮酒。为了祝贺八一建军节，我舍命陪君子，先喝这一杯！"我的话得到胡医生和次旦多吉的证实，他们便放我一马。

酒宴结束，走出餐厅，发现军营大院里，来了不少门巴族老乡，问了问，大都是附近地东村的。地东村就在玛尼翁山下，仿佛抬腿就能走到，但是真正走起来，要花三四个小时。正如当地谚语所说："山顶在云间，山脚在河边，说话听得见，走路要半天。"独立营和地东村，军民关系非常密切。用现在的话说，有点"军民共建"的意思。建军节到了，地东村的群众，有的到军营探亲访友、看电影，有的到服务社购买商品，有的参加部队的座谈会。提起地东村的名字，我心里一阵热乎，我早就听说这是一个门巴族聚居的大村子，居住着近百户人家。它是墨脱县有名的先进村、模范村，出了很多门巴族优秀干部，有着许多感人的故事。

第二天，8 月 2 日，独立营放假，阳光洒满整个营区。官兵们打球的打球，下棋的下棋，打扑克的打扑克；水电部测绘队的同志，有的在修补行装，有的在检查器材；年轻摄影家古大彦(他是木刻大师古元的公子)，正在逗弄一只黄绿色的相思鸟，忙里偷闲，倒也自得其乐。

这时候，有几个门巴族打扮的人，牵着三匹马，走进玛尼翁军营，到处打听拉萨市医疗小组的去向，原来他们是墨脱县派来接田局长等人的民工。午饭过后，我们 5 个人分道扬镳了，田局长、胡医生一行在民工们的护送下赶往县城；我和次旦多吉，则去附近的地东村进行采访。

## 地东村的美人

沿着坎坷不平的山路，上坡下坡，下坡又上坡。左边，是雪浪翻飞、奔腾不息的白玛协曲河；右边是山，满坡的芭蕉树，遍地的野百合花，各种各样的热带鸟雀，在林间绿树上翻飞鸣叫，声音非常悦耳，可惜我叫不出它们的名字。就这样，我们在鸟语花香、绿树和水声里走了一两个小时，来到白玛协曲河和雅鲁藏布江汇合处。这里有一座著名的横跨雅鲁藏布江的金珠钢索大桥，道路在这里分岔，过桥不远是百崩区，然后可以转道墨脱县城。往南一直走，便是我们今天要去采访的地东村。

地东村在我的心目中萦回已久，无论看墨脱历史资料，还是采访与墨脱有关的人员，无一例外地对地东村交口称赞，说地东村历史悠久，人杰地灵，风光秀美，物产丰富。一个人到了墨脱，如果不去地东村，等于做了一件衣服，忘了做袖子一般，那是最大的缺陷。我们这次墨脱采风，原计划先去北部的珞巴族地区，再来南部的门巴族地区，之所以中途改变行程去地东村，不外乎两个原因：一是玛尼翁离地东村很近，站在独立营营房门口，地东村隐约可见；其次是我们离开拉萨时，拜访了西藏军区副参谋长、原林芝军分区司令员卢志东同志，卢司令对我说："1962 年，我人民解放军第二次进军墨脱，当时我所在的边防团，就驻扎在地东村。村里有一个门巴族姑娘，名叫白玛东丹，模样非常俊俏，被人称为'地东花儿''门巴美人'。可是当地有一种迷信的说法，认定她家是'鬼人之家'，白玛东丹姑娘是'女鬼人'，正因为是女鬼，才长得这么漂亮。村里村外的小伙子，谁也不敢跟她谈情说爱，更别说谈婚论嫁了。我发现我的警卫员旺杰，对白玛东丹很有好感，便鼓励他大胆追求。他与白玛东丹真心相爱，最后两人订下了终身，部队为他们举行了热热闹闹的婚礼。通过这件事，白玛东丹得到了幸福，也使地东村破除了一项陈规陋俗。"我们这次去地东村，就是想专程拜访一下这位门巴族美人，听她谈谈自己的身世。

傍晚时分，夕阳西下，地东村展现在我们的面前：平缓的山坡上，布满竹楼木屋，金黄色的玉米田，还有竹林、果园和菜地。村民们在房前屋后欢快地劳作，气氛祥和热闹。走进地东村，打听白玛东丹的住处，村民的回答让我们大为失望，说她的丈夫旺杰调任米林情报站站长，白玛东丹已经搬家到米林县去了。

真是无巧不成书，正当我们垂头丧气、进退两难的时候，走来一位模样端庄、气质清爽的解放军女军官，听完我们的讲述，便用亲切而又略带调侃的语气说："两位老师不要着急，明天还会出太阳嘛！白玛东丹住在米林不会走，老师们离开墨脱以后，还可以到米林县采访她嘛！再说我也是地东村人，从小和白玛东丹一块长大，对她的情况非常熟悉，你们如果有兴趣，我也可以谈一谈。"女军官几句话，说得我们眼睛发亮，失望之余又有了希望，于是连声说："谢谢！谢谢！"

她把我们领到村头一幢木楼里，用酥油茶和蔓加酒热情款待我们。她自我介绍说，她叫扎西玉珍，门巴族人，是林芝军分区边防办公室的干部。这回到墨脱出差，顺便回村里看看家人和亲戚。接下来，扎西玉珍的话题，便转到了白玛东丹的身上。

## 白玛东丹的命运

扎西玉珍

我是土生土长的地东村人，自幼父母双亡，由叔叔抚养长大。我和白玛东丹，不但是地东村的同乡，还是从小一起长大的女伴、好友，她比我大两岁，今年38岁了，多少年来我俩一直以姐妹相称。我们地东地方山好、水好、人更好。小伙子一个个精壮结实，姑娘们一个个美丽善良。在地东姑娘当中，白玛东丹是最美的。个儿高高的，皮肤白白的，眼睛黑黑的，头发卷卷的。解放军官兵叫她“地东花儿”“门巴美人”，确实名副其实。白玛东丹最不幸的，是出生在一个“鬼人”家庭，地东村有三户“鬼人”，一户1959年跑到境外去了，还有两户留在村中，白玛东丹家便是其中的一家。听老人们说，鬼人的风俗是门巴族祖先从不丹带来的。他们认为，大多数人是人死后投胎变的，也有极少极少的人是鬼投胎变的。凡是鬼投胎变成的人，便是“鬼人”，不仅一辈子是“鬼人”，他家世世代代、子子孙孙都是“鬼人”。他们社会地位最低，受人歧视最深。别的人不愿意与他们来往，不愿意跟他们说话，更不愿和他们的儿女谈婚论嫁了。据说他们走过的草场，牛羊要遭瘟疫；他们穿过的山林，树木要枯黄；他们接触过的村民，马上就会肚子痛。村里谁家酒发酸了，哪个人肚子痛了，都认定是“鬼人”在作祟，深更半夜，拿些剩饭泼到她们家门口，一边泼一边还要喊：“鬼人！吃吧！吃吧！吃得饱饱的吧！吃饱了把我们的病痛带走吧！”第二天，白玛东丹家人走出门，看见满地的剩饭剩菜，心里比刀扎还难过，全家人只能对着流眼泪。

白玛东丹的父亲叫帕珠，帕珠有三个女儿，都长得很水灵，很漂亮。白玛东丹的姐姐死得早，妹妹德清旺姆，嫁了一个木匠，后来被人放毒毒死了。在我们地东村，生活数白玛东丹家最穷，日子数他们家最苦，房子数他们家最破，孤零零地处在离村寨和村民很远的芭蕉树林边，房顶盖着芭蕉叶，四周围着竹篱笆，刮风透风，下雨漏雨，满地都是烂泥巴，全家人只能打赤脚。我从小就不信邪，不管什么“鬼人”不“鬼人”，我就是和白玛东丹姐姐要好，下大雨她们家没法待，便让她躲到我家来。我和白玛东丹一起开荒，种上一块“加若尼孜”（姐妹酒地），收下粮食酿成酒，自己喝，也请长辈喝。我们还一起跑到山上，采称为“甲令梅朵”“雪古梅朵”“多孜梅朵”的花戴在头上，摘称为“江玛”“阿工玛”“巴金玛”的野果，捡称为“桑巴莫”“温巴莫”的蘑菇。白玛东丹也有快乐的时候，也有忘记自己“鬼人”身份的时候，快乐的时候她爱笑，笑得很好看。

日子一年一年地过去了，白玛东丹 20 岁了。地东村的小伙子们，没有一个人敢跟她耍朋友，更没有人上门提亲。地东村的姑娘结婚早，十七八岁便抱娃娃了。白玛东丹性格内向，从来不向别人说，只有我们这几个女友，知道她心里的苦。1962 年，现在的拉萨军分区司令、那时的边防团团长卢志东同志，进驻我们地东村，听说村里有一种歧视“鬼人”的习俗，非常同情白玛东丹一家。决心帮助群众改变旧习俗，树立新风尚。他看到自己的警卫员旺杰，修路时和白玛东丹相识，双方都有好感，便鼓励旺杰大胆地向“门巴花儿”发动进攻。卢团长特意安排旺杰住到白玛东丹家里。旺杰老实而又勤奋，又是战斗英雄。他在白玛东丹家表现很积极，又是背水，又是种地，又是修房子，很讨帕珠老汉的喜欢。有一天，旺杰正式向白玛东丹求婚，白玛东丹心里很高兴，可是事情没有成功，问题出在阿爸帕珠身上，他坚持要请村子里的宁玛派大喇嘛白玛仁青亲自出面加持祝福，才答应这桩亲事。帕珠心里有个打算，只有宁玛派大喇嘛亲自加持祝福，才能摘掉他们家“鬼人”的帽子。有一天，团长问旺杰和白玛东丹的关系怎么样了，旺杰不停地摇头，团长说：“为什么？她是

‘鬼人’家的姑娘，你害怕啦?”旺杰说：“报告团长，我是共产党员，共产党员不讲迷信。就是阿爸帕珠又提出了条件，坚持要请宁玛派喇嘛白玛仁青亲自祝福!”于是，难题又摆到卢志东团长面前，团长专门给白玛仁青做工作，说解放军战士旺杰和门巴族姑娘相爱，务必请大喇嘛出面祝福他们的结合，促成这件好事。白玛仁青自墨脱解放以后，一直坚持爱国进步，是解放军、共产党最信赖的朋友，又担任县参事室副主任，现在团长亲自出面请求，便爽快地答应了。1964 年藏历新年，白玛东丹和提为侦察参谋的旺杰的婚礼在玛尼翁解放军团部举行。婚礼办得很热闹，部队首长和地东村一些头面人物都参加了。宁玛派大喇嘛白玛仁青先生没有食言，亲自为新婚夫妻祝福。3 天以后，白玛东丹从玛尼翁高高兴兴地回来，还给我们带来很多礼物。

从那时起，地东村歧视“鬼人”的陋俗，就慢慢地消除了。

## 人间仙境德尔贡

第二天，我们早早动身，谢过了扎西玉珍女士和地东村干部，重新踏上了去墨脱县城的征程。来到雅鲁藏布江边，向对岸眺望，那里是一片摄人心魄的风光景物，美丽的青山翠谷，鲜亮的热带雨林，沐浴玫瑰色的朝霞，轻笼绵软的白云，时明时暗，忽隐忽现，宛如太虚幻境，又像海上仙岛。依据我的判断，那应该就是墨脱最美妙的德尔贡山乡。在墨脱县南部，地东村和德尔贡隔江相望，知名度都很高，它们各具特色。地东村有很旺的人气，出人才，出干部，出军民联谊的新故事；德尔贡宗教味道很浓，出寺庙，出活佛，风景美如仙境。

我不止一次听德尔贡的人说过，德尔贡的意思是“珍藏佛宝的圣地”。“它地处高山平坝，周围长满红松、白桦、翠竹，还有极为罕见的楠木林。四时鲜花常开，林间芳草常绿，村寨溪涧常流，这里冬无严寒，夏无酷暑，确实是人居的好环境。”

这里有座著名的德尔贡寺，寺庙有位顿炯活佛，不但在西藏出名，在国外也颇有影响。我进藏时，顿炯活佛已旅居国外，无缘和他见面。但是，我却认识他的女儿德清女士和女婿曲尼先生。曲尼是拉萨市政府的翻译科科长，德清是千年古刹大昭寺的管理人员。我们有过不少工作上、业务上的交往。言谈之间常常涉及他们的父亲顿炯活佛，我对这位知名度很高的活佛高僧的了解，大都出自曲尼和德清夫妇的讲述。

## 我的岳父顿炯活佛

曲尼

1904 年，墨脱的德尔贡村，一对虔诚信仰佛教的门巴族夫妇，生下一个聪慧睿智的小男孩，取名益西多吉。3 年后，从青海果洛地方来了一大群人，有僧人，有俗人，还有由母亲领着的 11 岁的小活佛工绕。他们说：“依据护法神的指点和巫师降神预示，益西多吉是我们果洛地方宁玛派寺院顿炯活佛的转世真身。”接着，奉献了曼扎、佛像、佛经三福田，把益西多吉迎请到青海坐床，继位为新一辈的顿炯活佛。

顿炯活佛在青海学习了显密经书，精通了各种宗教仪轨，回到德尔贡之时，已经是一个博学多才的少年活佛了，同来的还有工绕喇嘛，两人志同道合，共同主持德尔贡寺的营造和各种佛事活动。工绕喇嘛擅长医术，给当地信民行医治病。岁月年复一年过去，顿炯活佛的学识和名望与日俱增，他把自己的宗教领域，从墨脱拓展到了工布地区，又延伸到了圣城拉萨。成年之后，他娶了大贵族雪康家小姐为妻。这位千金小姐身体娇弱，无法翻越多雄拉险恶的冰山雪岭，活佛便在工布普久地方的北山坡上，建造了一座名叫“喇嘛林”的精美寺院，作为他在工布地区弘传宁玛派教法的中心。寺院旁边修了一处别墅，供妻子日常生活和娱乐休闲。

顿炯活佛的宗教活动转移到工布和拉萨地区以后，德尔贡的寺务主要由工绕喇嘛负责。他娶了附近格林村一位门巴族女子益西白珍为妻，生下儿子曲尼。曲尼长大后，与顿炯活佛的大女儿德清结为伉俪，两家的关系更为密切了。按照宁玛派的传统，一旦工绕喇嘛圆寂，活佛的位子理所当然地由曲尼继承，但在上世纪50年代，曲尼和德清双双参加了革命，成了新政权的工作人员，工绕喇嘛的佛位传承问题，至今还悬在那里。

1956年10月，西藏佛教协会成立。第九十六任甘丹寺法台图丹贡噶被推选为会长，顿炯·益西多吉活佛被委任为副秘书长。不久，他持西藏筹委外事处签发的护照，到印度、尼泊尔等地朝圣和传教。1959年，西藏发生叛乱，大批僧俗上层人士流亡境外。顿炯活佛持有中国政府的护照，又出席过中国驻外使馆的活动，身份受到质疑，被拘留了好几个月。释放后，他去了不丹王国。因为他的祖先来自不丹，不丹国王又和他的夫人雪康小姐有亲戚关系，他取得了不丹国籍。

去年（1981），我和妻子德清专程去尼泊尔，探望阔别多年的岳父。这些年来，他的宗教事业越来越兴旺，信众越来越多。

他在巴黎、纽约，还有欧洲和美洲许多地方，都建立了宁玛派修习法苑。我俩到加德满都的时候，活佛正在各个宗教点巡回，4个月后才回到加德满都。父女、翁婿久别重逢，又经历了那么多事情，自然格外高兴，格外动情，有说不完的话。活佛说："现在西藏对外开放，境内境外来去自由，我心里很是快慰。很想重回故土，去看看拉萨，看看普久喇嘛林，看看墨脱德尔贡。不过我已是80高龄的人了，能不能去，能不能适应，要看身体状况再定。"他又说："听说西藏正在抢救民族文化遗产，搜集、整理和出版史诗《格萨尔王传》，我这里保存了一些《格萨尔王传》手抄本，还有跟墨脱历史有关的《干布巴传》等古籍，你们走的时候可以带去，如果带不动，到拉萨可以请有关单位派人到樟木口岸交接。我们返藏的前一天，父亲又对我们说："这些年，我用了不少时间，花费了许多精力，写了一部宁玛派宗教史，名字叫《殊胜的天鼓》，藏文版将在尼泊尔出版，汉文版将在香港出版，出版后我给你们捎去，书里还讲述了西藏和祖国的关系。"

我的岳父顿炯活佛，在墨脱地方做过不少的功德，例如，他为墨脱引进了马匹。以前，墨脱人是不养马的，也没有骑马的习惯。有一年，他在工布购买了四匹小马驹，让人背到德尔贡，路上死了一匹，还剩三匹。德尔贡森林茂密，牧草丰美，气候温润，特别适合牲畜繁衍。若干年后，那三匹小马增殖到两三百匹了。50年代，解放军小分队进驻德尔贡一带，还能遇上成群结队的马儿，一匹匹高大健壮，在德尔贡周围的森林草地上任意游逛。应该说，是顿炯活佛结束了墨脱没有马的历史。

德尔贡虽然美如仙境，这里的居民并不是每个人都能过上幸福的生活。我的好友、林芝县文化局局长康英女士，小时候在德尔贡一个宁玛派喇嘛家当佣人，因为不堪忍受主人的欺压和折磨，孤身一人冒险从德尔贡逃出。10 年前的 1972 年，我们一起参加拉萨市文艺会演，她给我讲述了这段难忘的经历。

## 金珠玛米背我过雪山

康英

我的老家不是西藏，而是在西藏和四川交界的邓柯，那是金沙江边一个康巴藏族人聚居的所在，电影《金沙江畔》，说的就是我的家乡。我的藏族名字叫桑姆，意思是美好善良的姑娘。小时候家里有阿爸、阿妈、哥哥，还有姨妈。50 年代初，有一种“预言天书”在我的家乡广泛流传，说是世界的末日快到了，人人都面临灾难和死亡。要想逃过这场劫难，只有跑到喜马拉雅山中的墨脱白玛衮去。那是隐藏在森林和云雾中的神秘乐土，那里有通向极乐仙境的神门仙洞，洞里有糌粑的山，牛奶的湖，生生世世受用不尽。

这样，我们家乡许多人，扶老携幼，离乡背井，成群结队到西藏的墨脱朝圣，去等待神门打开，好进入美好的莲花仙境。我们全家人随着朝圣的人流，从邓柯走到昌都，从昌都走到林芝，从林芝走进墨脱。一路上遇到大风大雨，落雪冰雹，还有泥石流，我们全家走散了，爸爸妈妈找不到我，我也找不到爸爸妈妈和哥哥了。只剩下我和姨妈相依为命，我们在墨脱的衮堆颇章神山下，等待神门打开，等来等去一点动静也没有，很多人得了热病，带去的食物也吃光了。我和姨妈只好在附近的德尔贡村定居下来。

万万没有想到，姨妈不习惯墨脱的水土，竟然一病不起，不久便离开了人世。年仅 11 岁的我，成了地地道道的孤儿，只好给有钱人当奴仆。我的主人名叫喇嘛格列，也是一个康巴人。我在格列家里，要做的事很多很多，白天要背水、做饭、洗衣裳，还要放牧四头称为“俄达玛”的大青牛，晚上要磨玉米，磨荞麦，磨糌粑。有一回，一头青牛迷失了道路，主人强迫我连夜到森林里寻找，找不到不准回家。德尔贡周围，是无边无际的大森林，森林里又阴暗，又荒凉，黑森森地可怕极了，听说还有吃人的老虎、雪豹和黑熊，我非常害怕，一边找牛，一边哭。心里想：“德尔贡虽然美如仙境，我却过着牛马不如的生活，只要有时间，只要有机会，我一定要从这里逃出去！”

一天，我到山涧背水，看见同村一位门巴族大哥哥，正蹲在石头上洗脸，用的是雪白雪白的毛巾，还有喷香喷香的香皂。我说：“大哥哥，好久不见你了，你到什么地方去了？”他说：“我到祖国内地上学去了。”我说：“大哥哥，你真有福气，我这一辈子，看样子是没有读书的命了。”他却很认真地说：“桑姆姑娘，千万不能这样想，你又聪明，又伶俐，又会说，又会唱，年纪又小，正是读书上学的好材料。内地民族学院的老师，还要到林芝招生，你也可以去报名啊！”分手的时候，他把那块很香很香的香皂送给了我，我把它像宝贝一样带回家，放在枕头下面。

正是从这一天开始，我心里有了一个小秘密，像一个小火炉似的，呼呼的燃烧。总想逃出德尔贡，逃出墨脱，到祖国内地去读书，再也不过受人欺负的下人生活了。也不知为什么，我的这些想法，好像被喇嘛格列发现了，他像老鹰盯小鸡一样，从早到晚，把我盯得死死的，不许我出外串门，不许我跟村里的少男少女交往。甚至还报告了村里的头人，防备我逃跑。如果逃跑，便派人抓捕。

不管喇嘛格列怎样提防，我还是悄悄地做着到内地上学的准备。到了约定的日子，说好一同出走的次仁姑娘并没有来。我也顾不了那么多了，装作到山涧背水，看看四处无人，扔下水桶水瓢，便钻进密林拔腿逃跑，不分白天黑夜往多雄拉雪山方向跑。我白天逃，晚上也逃。走过野兽出没的森林，走过到处是蚂蟥的沼泽，有时睡在树上，有时住在崖洞，这样跑了整整 7 天，总算到了多雄拉雪山脚下。多雄拉山又高又险，到处是厚厚的积雪，滑溜溜的冰层，身强力壮的男人，也要一整天才能翻过去。那一天天气很不好，又下雨，又落雪，刚刚 13 岁的我，身上衣衫单薄，肚子饿得咕咕叫，我一个人爬呀爬呀，还没有爬到半山坡，忽然一个趔趄，从一处冰坡上摔下来，便什么也不知道了。

也不知过了多长时间，我从昏迷中醒过来，发现自己被一个金珠玛米背在背上，沿着陡峭的山坡奋力往上爬，山坡上冰很多，雪又厚，还有泥巴雪水哗哗地往下流，金珠玛米背得非常吃力，看样子他年纪一定不小，头上全是汗，衣服也给泥水湿透了，好几次差一点摔倒，幸亏还有一个很年轻的金珠玛米，跟在身边帮扶。我很不好意思，挣扎着想下来自己走，没想到那个金珠玛米用地道的藏语喊道："小姑娘，别动！"我只好乖乖伏在他的背上，不敢再乱动了。心里却在不停地琢磨：这位金珠玛米大叔，到底是汉族人，还是藏族人呢？看他的模样，像汉族人；听他的口音，又像藏族人！

好不容易翻过了雪山垭口，金珠玛米大叔把我轻轻地放下来，坐在背风向阳的草地上，年轻战士让我喝了一些茶，又吃了几块饼干，我的精神慢慢好了起来。金珠玛米大叔用藏话问道：“小姑娘，你叫什么名字？你是哪个村的？今年多大了？”我说：“我叫桑姆，德尔贡村的，今年13岁了！”叔叔说：“小桑姆，你的胆子也太大了，一个人敢顶风冒雪，翻越多雄拉大雪山，你知道吗？刚才有多危险，如果不是碰巧遇上我们，你真的要冻死在山沟里了！”这时我算完全明白过来了，是金珠玛米救了我的命，是这个叔叔救了我的命！激动的泪水涌上我的眼眶，感激的心情无法表达，我赶紧趴在草地上，不停地磕头。那个叔叔立刻把我拉起来，大声说：“不要这样！不要这样！这是我们金珠玛米应该做的。”过了一阵子，他又说：“小桑姆，你冒着危险翻山，到底有什么急事呀？”我说：“我要到林芝去报名，到祖国内地去上学！”两个金珠玛米更高兴了，竖起大拇指，夸我有勇气！有志气！

两个金珠玛米把我护送到林芝分工委，顺利地报了名，上了成都西南民族学院。后来我打听到，背我过多雄拉雪山的金珠玛米大叔，名叫康通玉，是解放军某部的侦察科长。于是，我又给自己取了一个名字，叫康英，表示不忘解放军，不忘康通玉大叔的救命之恩。

## 从金珠大桥到墨脱县城

我就是这么走着想着，不知不觉地再次来到雅鲁藏布江金珠大桥。大江如白色巨蟒，从上游奔涌而来，雪浪排空，惊涛拍岸，大地明显地在震动。我们走上横跨东西的钢索大桥，桥是20

年前的1962年建造的，从那时到现在，一直是墨脱地区引以为傲的第一大建设工程，桥长250米，桥宽10米，虽然不能过汽车，墨脱县也没有汽车，但是成群的骡马和一队队背夫，依然能够安全通过。强风急浪，冲击得桥身上下颠簸，左右摇晃，我们大着胆子，小心翼翼走过，真的还出了一身冷汗哩！

过了金珠大桥，百崩区已历历在望，它和墨脱许多门巴村寨大同小异，坐落在背风向阳的马蹄形坡谷里，我们循着弯弯曲曲的山路蜿蜒而上，山路两边是层层梯田，剃光头的门巴族汉子和花裙子的门巴族妇女，正在水田中劳作，歌声和笑声此起彼伏，田野里洋溢着一派欢快的气氛。我们用好奇的眼光打量他们，他们也用热情的语调欢迎我们。这是我进入墨脱以来经过的第一个有老百姓的村寨，情绪自然而然受到了感染。

百崩区委书记桑结丹巴和区里诸同志，真诚地挽留我们住上一宿，养一养身子，第二天再赶到县里去。我们十分乐意地接受了区里的安排，老实说，虽然在地东村歇了一夜，今天只走了大半天的路，但周身上下仍然倍感疲倦。

第二天，离开百崩区所在的百崩村，重新踏上去墨脱县城的路程。区里派了一位名叫尊珠的民工，为我们带路，背东西。大约走了1小时，看见门巴族农民正在放火烧山。满山满坡都是放倒了的丛林灌木，他们在各处点起野火，顿时烈焰冲天，浓烟遍地，如同盛大节日燃放的礼花。尊珠告诉我："这是在刀耕火种。春天砍伐林木，任凭风吹日晒，现在焚烧它们，灰烬成了肥料，在上面播种玉米和鸡爪谷，一定能有好收成。"我们站在路边，想领略一下"刀耕火种"的壮观场面。谁知呼呼的火苗直向我们扑来，滚滚的浓烟呛得人咳嗽不止，只好逃命似的赶快离开了。

一路上我为大片林木被焚毁，为生态环境被破坏而痛心不已。

过了刀耕火种地，进入一个名叫“甲噶汪绒”的峡谷，这里乱石横陈，沟壑错落，行走特别艰难。尊珠向我介绍说：“这条山沟经常爆发泥石流，山洪和巨石铺天盖地，在峡谷里滚滚奔驰，如果有人正在峡谷里赶路，那是最可怕的了。”过了一座吊桥，便到了亚让村，这是百崩以北一个门巴族聚居的大村子。喝了点茶，吃了点干粮，顺便向村民们打听到墨脱县城还要走多久？有人说：“快了，两个小时便到了。”有人说，“远着哩，太阳落山时差不多吧!”弄得我心里七上八下。

讲老实话，我真的走累了。从7月28日开始，已经走了整整6天了。白天走，黑夜走；早上走，晚上走；风里走，雪里走；大雨里走，烈日下走。双脚打出了泡，全身都被蚂蟥咬得血迹斑斑，我实实在在有点走伤了，走着走着全身疼痛，走着走着双脚打战。东布村也好，墨脱城也好，我恨不得抬腿就能走到，睁眼就在面前。可是，我们的目的地，总是无踪无影，遥不可及。我的面前，除了树木，还是树木；除了高山，还是高山。

这不，又是一座高山，挡在我们面前。山路一圈又一圈，山梁一道又一道，盘旋反复，直达白云缭绕的顶峰，带路的尊珠告诉我：“这座山叫果噶拉，意思是白头山，表示人的头发都爬白了，才能爬到山顶!”我拖着疲惫的身子，一瘸一拐地往上爬呀爬，快到山口的时候，看到路边有一个石头屋，屋里坐着一位白发苍苍的老人，在那里卖蔓加酒。我在老人身边坐下，一是歇歇脚，二是打听一些事情。

离此不远的山崖下面，还有一座山石构建的小庙，便问道：“老人家，那是什么地方?”老人说：“那是达帕神庙，专门为老虎念经的寺庙。”我听了大吃一惊，心想：我来西藏20多年了，头一次听说有替老虎念经的寺庙，有替老虎念经的僧尼，便请老人说个究竟。老人原本是仁青崩寺还俗的老僧，他给我讲起了为老虎诵经念咒的往事。

## 为老虎念经的尼姑

卖酒老人

墨脱县全境是一个长条形，被果噶拉山一分为二。果噶拉山以上为上墨脱，果噶拉山以下为下墨脱。无论上墨脱还是下墨脱，都遍布原始森林，森林里都有老虎。不过，下墨脱老虎多，是老虎的家乡；上墨脱老虎少，老虎只是串亲戚，找食物去逛一逛。

每年到了一定的季节，老虎便三三五五，成群结伙，从南方出发，路过果噶拉山，到上墨脱的森林里去游逛和捕食。于是，老虎伤害人畜的惨剧不断发生。墨脱人没有办法，只好在果噶拉山顶，修造一座石头神庙，每年按规定的时间，请喇嘛活佛集中到达帕寺，诵经念咒，煨桑祭神。请求神灵运用法力，感化老虎，让它们改恶从善，切莫杀生作孽，涂炭生灵。供奉的神佛，一尊叫达达结，他是牛羊的守护神。相传达达结的阿爸，是财神藏巴拉，阿妈是财源仙女罗坚玛。达帕寺还供奉马头明王和金刚亥姆，他们是威力无比的护法大神，他们能降伏一切妖魔鬼怪和毒蛇猛兽，几只老虎自然不在话下。喇嘛们念的多是马头明王和金刚亥姆经咒。

有一位老尼姑，自称是金刚亥母的化身，平日住在山上的崖洞里，不吃不喝，闭关修炼。有时夜半更深，敲钹击鼓，摇动铃杵，在深山老林里边转经、边念经咒，这些经是专门念给过路的老虎听的。老虎听了经文，心灵得到感化，便不怎么吃人、吃牲畜了。有几年，老尼姑下了山，不再给老虎念经，老虎伤害人畜的事情又多了起来，村民们无法，只好又请老尼姑上山。

听完给老虎念经的趣闻、奇闻，告别卖酒老人，往前走了不到一百步，过了果噶拉垭口，眼前的风景又让我大为振奋，因为墨脱县城和紧挨县城的东布村，就静静地呈现在我们的脚下，仿佛抬腿就能走到它们中间。碉楼、木屋、铁皮房子、民居街巷，高低错落，一览无余。大约一个小时，进了墨脱县城。县城建造在雅鲁藏布江东侧的一个山包上，由机关、学校、商店、礼堂、宅院组成，我们住在县委招待所。这是一座两层的木楼，白铁皮屋顶。

稍作安顿，便去拜访墨脱小学校长赵谮德先生。赵是山西人，中央民族学院 1962 年毕业生，专攻柯尔克孜语。毕业后分配到中国民间文艺研究会，从事柯尔克孜史诗《玛纳斯》的收集、整理、翻译和研究工作，是我国为数不多的精通柯尔克孜语的学者之一。1965 年，他和家住墨脱地东村的门巴族女同学罗布央宗结为伉俪。赵的父亲是山西教育界名流，长期担任山西大学校长。“文化大革命”爆发，父亲受到冲击，《玛纳斯》研究已不可能。他和新婚妻子双双返回墨脱探亲休假，发现这里山清水秀，民风质朴，气候温润，物产丰饶，没有那么多政治运动的干扰，墨脱除交通闭塞之外，不啻世外桃源。虽然物质生活贫乏，但只要自己勤劳肯干，什么样的农副产品都能生产出来。他看到这里教育条件很差，很多门巴族和珞巴族的孩子无法上学。于是痛下决心，毅然决然放弃北京户口，舍弃专业特长，远离政治风波，在墨脱当了一名小学教员，在门巴族中安家落户。成了雪山绝域的一位汉族居民，近年落实知识分子政策，赵被提升为小学校长。我到北京参加民间文学会议，遇到中国民研会的吉星、陶阳、董森等老同志，他们一再对我说，如果有机会去墨脱，一定要替他们去看看赵谮德，向他问候，他们说赵谮德是一个忠厚老实的人。

县小学设在一幢两层的藏式碉楼里，据说原本是地方政府时代的县衙门。小学老师告诉我们，赵校长不住在学校，他的家就在山脚下。顺着坡道往下走，我和次旦多吉很快找到了老赵的家。那是一座整洁朴素的木板屋。门前稻田青绿，禾苗在微风中徐徐摇晃，周围是他家的果园和菜地，树木葱茏，瓜果累累，鲜花在静静地盛开，颇有“僻静清幽隐士家”的味道。我们受到老赵夫妻俩的热情接待。老赵的为人和我的想象完全一致，朴实无华，平易近人，我们一边喝茶，一边听他讲述自己的家庭、身世，和罗布央宗相识、相知和婚恋的过程，在边陲墨脱的工作和生活，言谈中透露出他“知足常乐”的人生哲学。

接着我们谈到此次进入墨脱，是考察当地历史、宗教、民俗，采录神话、传说、歌谣，我们说老赵你是民间文学的专家，又在墨脱生活多年，请给我们一些指导。老赵说：“我现在潜心办教育，民间文学方面成了门外汉。临时给你们提两点，不知有没有帮助？第一，到墨脱采风，光会汉语和藏语不行，必须会门巴话和珞巴话。建议你们从县里请一个合适的人选，参与这次调查采录工作。县参事室副主任益西平措先生，虽然是门巴族，却会说藏语，也会写藏文，对门巴话、珞巴话更是精通，如果能请他担任你们的顾问兼翻译，此次采风一定能取得丰硕的成果。第二，墨脱地区山高水险，地广人稀，还有毒虫、猛兽、泥石流的侵害，如果每个区乡村寨都要去走一趟，恐怕三年、两年也难完成。建议你们去一些主要的地方，找一些重点的民间艺人、故事家，有学问的宗教上层人士，重点进行调查采录。墨脱地区珞巴族民间文学，主要储藏在北面的卡布和达木一带，那里有几位著名的珞巴族故事讲述家；门巴族民间文学和风土习俗的代表性地区，主要是南面的地东、百崩和德尔贡地方。你们可以去深入考察考察。”

第二天吃过早饭，我们拜会了墨脱县委书记向阳和副书记扎巴。扎巴是个英俊的小伙子，个子高高的，头发卷曲，眼睛黑亮。自我介绍说，他是土生土长的墨脱门巴族，60 年代初从部队的青年训练班毕业，在邦兴武工队服役三年，抓过潜伏特务立过功，后来提升为共青团县委书记，今年又担任了中共墨脱县委副书记。他热情地向我们介绍了墨脱县方方面面的情况。

情况介绍完毕，我们提出想请县参事室副主任益西平措先生担任此次考察的顾问兼翻译，扎巴书记满口答应。他说：“不过，益西平措副主任回老家去了，他家住在德辛区霍纳村，县里派通讯员去请，来回也得两三天，你们要在县里耐心地等一等。”我们便一心一意在县里住下来，每天看看材料，找人座谈座谈墨脱的历史、宗教、文化、民俗，背着录音机在东布村走村串户，有地方吃饭，有床铺睡觉，日子过得优哉游哉，差一点忘了自己身处天涯绝域了。不过睡觉吃饭也有难处，墨脱到底还是墨脱。晚上睡觉，通宵达旦要忍受雅鲁藏布江水的轰隆声，还有鬼鸟在窗外雨林中从不休止的怪叫，而食堂的米饭，总是掺杂红的、白的、黑的米虫，吃饭的时候，我和次旦多吉只好耐心地将虫子一条一条挑出来，然后紧闭双眼，稀里糊涂往肚里咽。有时虫子太多，根本无法挑拣，只好连虫带饭一起吃掉了。县里的同志解释说，食堂吃的米，都是去年、前年，甚至更早时间从林芝驮运进来的内地米，墨脱潮湿多雨，大米容易长虫，米饭里有虫子，也就不奇怪了。今年多雄拉刚刚开山，粮食还在米林派村转运站等待启运，想要吃上没虫的米，至少要到9至10月间了。

## 老人们口述墨脱史

我们住在县委招待所，天天请老人们口述墨脱史。县参事室副主任白玛仁清先生，又叫巴洋喇嘛，是墨脱县宗教界的代表人士，地东村的宁玛派喇嘛。他胖胖的身子，红扑扑的脸，见多识广，性情敦厚，对墨脱的历史、文化了如指掌。我们请他讲讲亲眼所见、亲耳所闻、亲身经历的墨脱历史。因为墨脱没有史书，也没有地方志，所有发生在这片神奇土地上的历史，都是老人们一代一代口头传承下来的。喇嘛白玛仁清便是墨脱口承历史接力棒的一个传承者。给我们口述墨脱历史的，还有齐美多吉老人，从前他是亚让地方的头人，也是县参事室副主任。此外，还有两三位县里的参事。

### 墨脱原本是珞巴人的家园

墨脱原本是珞巴人的天下，藏族人把雅鲁藏布江下游叫做

“珞瑜”，墨脱叫“上珞瑜”，墨脱以下叫“下珞瑜”。“珞瑜”，意思是珞巴人的家园。珞巴人有个古老的神话，说开天辟地、世界形成的时候，天父和地母成亲，生下很多很多儿女。在雅鲁藏布江边，住着洛波、尼波和吉波三兄弟，又叫阿巴达洛、阿巴达尼、阿巴达基三昆仲。大哥洛波，从小喜欢耕田种地，不愿杀生，也不吃老鼠和虫子。二哥尼波，不愿意干农活，只喜欢到山上打野兽，压老鼠，每天带些猎物和老鼠回家，吃得津津有味。老三吉波，也到山上打猎，但从来不把猎物背回家。因为在山野里，他把各种野兽生吞活剥吃掉了。后来，大哥洛波成了藏族人的祖先；二哥尼波，成了珞巴人的祖先；弟弟吉波，便成了老虎的祖先了。总之，藏族人、珞巴人和老虎，原本是嫡亲的三兄弟。

墨脱北部达木珞巴和卡布珞巴，自称老祖宗是从下珞瑜一个叫白玛朗错的莲花天湖地方迁来的。白玛朗错是座很大的湖，站在湖边看不到对岸。有一年当地遭了大灾，老阿爸领着三个儿子，顺雅鲁藏布江一直往上走，走到波密地方，翻过随拉雪山口，进入白玛衮。这珞巴三兄弟，老大叫噶乌，老二叫波觉，老三叫晓巴。晓巴离开家乡时，掉进白玛朗错湖，溅上了湖中的水，变成一脸白麻子。

大哥噶乌站在随拉山上说：“山下便是白玛衮地方，让我们来射箭吧，箭头落在什么地方，我们便到哪里去开创自己的家业。”老大一箭射到了达木地方，他便在达木安了家，达木珞巴人是他的后代，达木珞巴又称噶乌珞巴。老二波觉一箭射到了藏绒地方，藏绒地方一大片箭竹，是他的箭杆变成的。他在藏绒地方生活了一些日子，觉得这里的山沟过于狭小，不大好成家立业，又从藏绒射了一箭，箭头落在卡布的后山，便迁居到卡布地方，在卡布繁衍了自己的后代。现在这块箭头落下的地方还在，名叫“巴齐朗当”。因此卡布珞巴又称波觉珞巴。老三晓巴的箭，射得很近，落在甲拉萨的龙珠村，他在龙珠村安了家，繁衍了后来的甲拉萨珞巴人。这一带的珞巴人，脸上都有白麻子，相传是老三晓巴传下来的。

从现在往上推算，大约两三百年以前，墨脱完完全全是珞巴人的世界。山是珞巴人的山，水是珞巴人的水，树是珞巴人的树，天上飞的鸟，地上跑的野兽，也是属于珞巴人的。他们头上没有国王，眼里没有王法，心里没有宗教，也没有神仙和活佛。他们崇拜的只有太阳和月亮，只有祖先和勇士，畏怯的只有巫师和魔鬼。谁胆大包天谁就是长官，谁的长刀锋利谁就是首领。那时候从卡布山直到仰桑河，全部是达昂珞巴的势力范围。现在墨脱县城所在的东布地方，酋长有勒珠、波东、澎波三兄弟，称为“虎头大王三头目”；现在梅日村所在的地方，酋长是狮头大王札本久岸。札本，意思是横勇无敌的首领。

## 六户不丹人东迁墨脱

门巴族祖先居住在西藏南边的喜马拉雅山区。生活在门达旺一带的叫门巴，生活在不丹境内的叫珠巴，珠巴也是门巴族。相传吐蕃王朝时期，赞普赤德松赞有三个儿子，长子赤热巴巾，继位为赞普，次子朗达玛，崇信苯教，幼子拉色藏玛，是个虔诚的佛教徒。后来朗达玛谋杀了大哥赤热巴巾，把藏玛放逐到门巴族地区，自己夺取了王位，当上了赞普。有个名叫勒布珠结的门巴人，把自己的两个女儿嫁给了藏玛，生下考吉邦钦、考吉邦玛、考吉邦穷三个儿子。形成了考吉家族，他们是不丹十二个部落中的一个。考吉是高种姓、高骨头的意思。他们出门的时候，随身带一块四方木板，名叫考吉顿旦，意思是高种姓餐桌，喝茶不能和别人同碗，吃饭不能与别人同桌。总而言之，他们自认是赞普的后裔，比别的门巴人高贵许多。（笔者按：据藏史记载，赞普赤德松赞的三个儿子，依次是长子藏玛，次子朗达玛，幼子热巴坚。）

大约二百年前，相隔六七代人的时候，这个家族住在离不丹首府廷布不远的门布拉卡桑结林地方，因为乌拉差役多如牛毛，灾荒和地震连年发生，实在生活不下去了。笃信佛教的他们，听说莲花生大师有过预示，东方的墨脱白玛衮地方，是美好的人间乐土，那里有糌粑的洞，牛奶的泉，不种庄稼有粮食，不养牦牛有酥油，不用土石能盖房。将来墨脱的土地将成为门巴人的土地，墨脱的天将成为门巴人的天，墨脱处处将成为门巴人的乐园。于是，这个部落六户人家，受到宗教的预示和美好理想的鼓舞，暗地秘密串联，立下盟誓，决心离开不丹，到东方的白玛衮去开辟新家园。他们是最早进入墨脱的门巴人，后代称他们为“门堆珠巴”，意思是“门巴六户”。

六户人家逃跑了，政府派兵追赶。逃跑者用弓箭进行阻击，射杀了一个追兵，其他的兵害怕了，退了回去。逃跑途中，六户人家分成了两拨。桑珠、东塔、扎西朗杰三家从北面翻朗拉雪山口进墨脱；江措、赤列、多吉三家从西边翻德央拉雪山口进墨脱。桑珠三家进去以后，受到珞巴人的阻拦，在甲拉萨滞留了三年。想到离开不丹故乡时，当地有个活佛对他们说：你们到了墨脱，一定要去一个叫东布的地方，那里山像右旋白螺，地似八瓣莲花，是开创门巴人基业的福地。桑珠等人千方百计，总算从甲拉萨来到了东布地方。东布珞巴首领勒珠、波东、澎波“老虎三兄弟”，不准他们在当地安家落户。他们给珞巴首领送了很多珠串、氆氇，还有不丹刀、不丹斧头，这才给了他们一片称为“鬼地”的沼泽地。

门巴人能吃苦，很能干，男女老少齐出动，在“鬼地”上大显身手。桑珠是出色的木匠、篾匠和藤匠，东塔是了不起的铁匠、铜匠和石匠，扎西朗杰会念经，会算命，会卜卦。他们清除了鬼藤，砍掉了鬼树，搬掉了鬼石，盖起了第一座门巴人的木楼，开出了第一块门巴人的田地，冒出了第一缕门巴人的青烟，建立了第一个门巴人的村子，被当地珞巴人称为“门冲”，即门巴人的村。

门巴村建立以后，桑珠等三户人家，努力跟周边的珞巴人搞好关系，联络感情。他们架起铁匠炉，打刀子，打斧头，打火镰，打箭镞，送给珞巴人，珞巴人很高兴，也回送他们礼物，不住地夸奖他们，说他们在暗夜里点亮了松明。桑珠他们在墨脱找到了落脚点，便开始打听江措等人的下落。再说江措、赤列、多吉三家，翻过德央拉雪山口，进入墨脱，被希让地方的珞巴首领罗波、雅底、嘎基阻挡，羁留在格林村整整三年。桑珠等人听到这个消息，便给珞巴首领送了一头巨大的巴敏大额牛，算做买路钱，江措等三户人家也从格林到了东布，最早逃离不丹的门巴六户人家，便这样汇合了。

（笔者按：白玛仁清老人还说，门巴六户进入墨脱，是六世达赖喇嘛仓央嘉措时期，仓央嘉措1697年坐床，1706年圆寂，算起来，六户门巴人进墨脱，已经有二百七八十年了。)

## 干布巴兴建仁青崩寺

藏传佛教有四大教派，分别是称为红教的宁玛派，称为白教的噶举派，称为花教的萨迦派，还有称为黄教的格鲁派。四大教派中，噶举派喇嘛最能吃苦，最有开拓精神，这个教派的第二代祖师米拉日巴，便是终身苦修、肉身成佛的范例。在噶举派中，又以主巴噶举派最富冒险性，最有开拓精神，最富活动能力。相传它的教区广远，灵鹫也需飞翔18天。藏谚说："藏族人一半是主巴，主巴的一半是乞丐，乞丐的一半是高僧。"不丹王国全境，都是主巴派的信徒。700多年前，这个教派的第二代祖师藏巴甲热，冒险深入下珞瑜的珞巴聚居区，开辟了扎日神山圣地，开创了猴年转扎日神山的先例。500年前，香巴噶举派高僧唐东杰布，进入米林以南的珞巴人聚居区，收集了很多修架铁索桥的铁。

藏传佛教在雪域藏土广泛而深入地传播，只有墨脱仍然是一个没有佛法、没有寺庙、没有喇嘛的地方，仍然是佛教的空白点，这是各个教派的首领和高僧活佛最不甘心、最放不下的事情。大约200年前，山南加查东部的噶举派祖庙达拉干布寺，有一个名叫干布·乌坚仲堆林巴的高僧，他是个天不怕、地不怕的康巴喇嘛，决心在墨脱珞巴人中间修造一座寺庙，作为弘传释迦佛法的大本营。他的想法得到寺庙住持和施主的支持，他筹集到相当数量的金钱和物资，带领侍从和徒弟，向墨脱进发。干布巴师徒翻过朗拉雪山口，进入墨脱地界，在这里修了一座名叫"曼轧顶"的小庙，被当地珞巴人发现，把他们赶了出去。他们又绕道到了米林，翻过多雄拉雪山，在拉格地方，又被珞巴人挡住了。干布巴站在一块四方形的石头台子上，不停地从怀里掏出珠串、小刀、铜铃、耳环等等，扔到珞巴人中间，珞巴人一边捡，一边笑，珞巴人高兴了，同意让干布巴师徒通过。

他们来到墨脱中心地域东布村河西岸，珞巴首领下令砍断雅鲁藏布江上的藤索桥，干布巴无法前进，只好用芭蕉叶在江边搭一个棚子，整整住了一年。他一次又一次地向东布珞巴放话，一次又一次地送礼，送绸子，送缎子，送茶叶，送烟草，送珠子，送布匹。当地人说，如果把这些礼物扔进雅鲁藏布江，江水都会断流。最后珞巴人的首领总算答应他们过江。过了江，干布巴提出借小小一片地，修小小一个庙。首领说："东布的地是珞巴人的粮地，东布的山是珞巴人的肉山，没有你们盖庙宇、立菩萨像的地方。"干布巴说："我们不在你们的粮地上修庙，也不在你们的肉山上修庙，请你们卖给我们一块山尖尖，盖一间小小的烧香屋就行了。"又送了很多绸子、缎子、珠子和银子，珞巴首领说："村子东边有座鬼山，山顶上有个鬼湖，湖里有株鬼树，你们有胆量，便到那里修庙去吧！"

干布巴师徒登上东布村的东山顶，果然看见山顶有座小湖，湖中有株九叉树，树里发出人声和鬼声。他带领弟子们用长刀砍，用斧头劈，鬼树不停地喊叫，喷出一股一股的鲜血，跟宰猪杀牛差不多，看热闹的珞巴人都吓跑了。砍掉了鬼树，又去填鬼湖，鬼湖里有龙妖作祟，一个喇嘛自告奋勇，跳进鬼湖，赶跑孽龙，湖水干涸了。

寺庙修了一半，干布巴得了病，病得很厉害，看了看卦象，是当地神鬼作怪。莲花生大师站在云间预示："赶紧派人到河西的巴尔寺去，那里有门巴喇嘛洛本·朗噶罗布，还有咒师俄强曲吉，请他们来念长寿经，救你一条命。”干布巴想：“我是藏族高僧，他们一个是门巴喇嘛，一个是边地巫师，我决不能寻求他们的保护。”过了一些日子，干布巴的病越来越严重，眼看真的不行了。莲花生大师又在云间显现本相，说：“洛本·朗噶罗布是印度大德希力松哈的化身，过去我是他的学生，现在你是我的弟子，你有了危难，不去找他去找谁?”干布巴按照大师的授意，派人到了德辛巴尔寺，请朗噶罗布来给自己念经治病。朗噶罗布说：“我是卑微的门地喇嘛，他是显赫的藏族高僧，我不能去，也不能给他加持灌顶。”干布巴没有办法，只好连夜朝巴尔寺方向磕头，再次派出侍从，送去大量礼物，伸出大拇指，恳求朗噶罗布，无论如何救自己一命。

巴尔寺门巴喇嘛朗噶罗布派出咒师俄强曲吉，到了东布山顶上，施展高强的咒术，与危害干布巴生命的妖魔鬼怪斗法，只见山上火苗乎乎，杀声阵阵，妖魔鬼怪打一阵，败一阵，最后逃到雅鲁藏布江的藤索桥上，这时朗噶罗布睡在桥头，将它们一一降伏，命令它们返回东布山，立功赎罪，帮助干布巴修庙。干布巴病好了，修庙工程重新开始了。白天人修，夜里鬼修，不到半年工夫，墨脱历史上第一座佛教寺庙便落成了。寺庙依照莲花生大师的坛城桑多白瑞修建，有四张神门，有十二个屋角。

干布巴大师给这座寺庙取名为“仁青崩”，意思是“珍宝的堆砌”；把仁青崩所在的山，取名“卓玛拉”，意思是“救度母山”。后人传称：“贝域白玛衮，得瓦仁青崩。”意思是：“莲花圣地白玛衮，佛法之源仁青崩。”寺庙修成后，干布巴让门巴喇嘛、藏地喇嘛、康巴喇嘛比赛念经，谁的经念得好，谁就是寺庙的住持。结果门巴喇嘛念不过藏地喇嘛，藏地喇嘛念不过康巴喇嘛。从此仁青崩寺的住持，一直由康巴人担任，师徒相继，世代传承。

墨脱北方强大的波密土王噶朗德巴，对干布巴兴修仁青崩寺很是赞赏，把他请到波密城堡，拜他为自己的根本上师。波密土王崇信的是宁玛派，干布巴是噶举派高僧，干布巴适应波密土王的意愿，改宗宁玛派，仁青崩寺也成了宁玛派寺院。

后来，干布巴大师又发现了东边的衮堆颇章神山，开启了通往神秘乐土的神门。他的传人吉色仁波齐乌坚德清林巴，兴建了著名的罗邦寺，发现了布达泽彭圣地，开启了另一张通往极乐世界的神门。干布巴·仲堆林巴和他的儿子乌金林巴，都得到过内地皇帝的封赏，赏赐的帽子，名叫“乌夏白玛通赤”，一直珍藏在罗邦寺里，每年陈列一回，供广大信徒瞻仰。

墨脱人认为：干布巴·仲堆林巴、仁增·多吉托美、曲林噶旺·齐美多吉，是发现和开拓白玛衮圣地的三贤人，合称“仁增朗松”，意思是“持明三圣”。

（笔者按：关于干布巴进墨脱和仁青崩寺修建的具体时间，我从西藏社科院辑录出版的《西藏地震史料汇编》一书中，读到两份很有价值的材料。一份是墨脱德尔贡寺顿炯活佛请求噶厦重修仁青崩等寺庙的呈文。文中说：“贫僧回家乡拜望老母时，目睹七世达赖喇嘛时期由干布巴·仲堆林巴和曲吉林巴·多吉托美活佛所兴修之各佛堂，于铁虎年［1950 年］大地震时，全遭毁灭。”另一份是仁青崩寺活佛和执事人员请求资助重修寺庙的禀帖，文中说道：“白玛衮地区乃三生佛祖白玛噶纳圣者预示之殊胜净土圣地，干布巴师徒诸圣施尽妙法，治服猛悍之珞巴，先后建佛寺于门巴五大部之地。其十六圣地之中心仁青崩寺，不仅有白玛噶纳和空行女的屡屡预示，且系奉八世达赖喇嘛强白加措之命，仿照桑多白瑞坛城之形状建成，其主殿十二角，四大门，楼内长柱24根，楼外长柱12根，飞檐金顶四方有大海螺。所供主神古如佛莲花生，身有楼高，为镇守疆场之神。"）

按照顿炯活佛的说法，仁青崩寺始建于七世达赖喇嘛时期（1708～1757年），而仁青崩寺活佛在禀帖中指出，该寺是奉八世达赖喇嘛之命修建，八世达赖喇嘛1762年坐床，1804年圆寂。无论前者还是后者，仁青崩寺建成已经两百年左右了。

## 我们的顾问益西平措先生

8月8日，到墨脱县城的第六天，县参事室副主任、自治区政协委员益西平措先生，从老家德辛区霍纳村风风火火地赶回来了。我们闻讯，连忙跑去看望。他是个60岁左右的小老头。门巴族，瘦瘦的，光光的脑袋，一双小眼睛透着聪慧和机敏。从之后我们的交往看，他精通藏语，粗通藏文，有超常的语言能力和记忆力，各地民间故事家用珞巴话或者门巴话讲述的神话、故事、传说甚至笑话，不管讲的时间多长，内容多么繁杂，他都能一字不漏、绘声绘色地翻译成藏语。同时，他对墨脱的历史、文化、宗教、民俗和口头文学也十分熟悉，简直是了如指掌。他是一个难得的门巴族知识分子，一部墨脱社会的百科全书。当我们提出请他担任采风的顾问和翻译时，他毫不犹豫地答应了。接下来，他讲述了自己的家庭和身世。

# 我的家族和我的身世

益西平措

我的祖先是来自不丹的门巴人，祖籍扎西岗东桑地方，传到我是第四代。他们不是第一批进墨脱的门巴六户，而是一百多年之前才进入白玛衮的。东桑地方有门巴三兄弟，大哥扎西罗布是喇嘛，二哥多吉朗结是农民，老三德勒旺秋是木匠。迁居墨脱后，德勒旺秋又返回不丹老家，学会了诵经念咒，精通天文历算，还会做旋木碗等。兄弟三人定居在百崩东南面不远的格林村，修建了著名的格林寺，扎西罗布和德勒旺秋并肩坐上了寺庙的宝座。我的爷爷东阿是德勒旺秋的儿子，扎西罗布的儿子叫达瓦罗布，他俩同坐一张宝座，共同主持格林寺教务。不久，两人发生矛盾，东阿爷爷被达瓦罗布赶出庙门，跑到风光秀美的普琼湖边，搭了一座竹楼，在里边修行布道。达瓦罗布过世后，我的父亲白玛和达瓦罗布的儿子云旦，又继承祖上的传统，同坐一张宝座。若干年后，两人又发生纠纷，父亲被云旦赶了出来。普琼湖边西贡村的民众，将父亲迎请去，修了一座西贡寺，让他在里面当活佛。从此，我的家便由格拔村迁到了西贡村。

我出生在1923年。在我少年的时候，家庭纠纷不断，生活动荡不安，父亲和爷爷没有心思对我进行宗教训练，传授经书佛典。我只学会了一些藏文，粗通驱邪赶鬼、祈福请神的经文咒语和祈祷词，我当不了活佛，只能勉强做一个活佛的助手帕久。成年之后，我在霍纳村娶了一个妻子，她是个善良美丽的门巴族姑娘。1950年夏日的一天，岳父对我说："平措啊，多雄拉雪山快要开山了，你到工布地方去替家里背一趟盐吧！这是一个苦差事，本不想让你去，可是我没有儿子，只有三个女儿，这件事就为难你了。”我回到西贡村家中，把这个决定告诉父母。父母听说我要去工布背盐，一千个不放心，爸爸哭，妈妈也哭，蔓加酒里掺上牛奶，一碗又一碗地劝我喝，临走时，千叮咛，万嘱咐：过藤索桥要小心，不要掉下河；翻多雄拉雪山要注意，风雪无情啊！

万万没有想到的是，就在当年藏历七月初二，一场山崩地裂的大地震，席卷了工布地区，席卷了墨脱全境，背着盐篓返家途中的我，亲眼看见蓝光闪烁，高山崩坍，大地开裂，江河倒流，呜呜的声音把耳朵都震聋了。到工布支乌拉的墨脱人，走到阿尼桥旁，山崖崩坍，巨石滚落，砸死了60多人，还有100多个背送染料的差民，走到多雄拉山上，被活活掩埋。悲惨啊，悲惨，实在太悲惨了，简直是飞来横祸！道路两旁，村寨处处，家家都有死人，到处哭声一片。好不容易回到霍纳村，岳父家房子虽然坍了，岳父、岳母、妻子和妹妹们都还活着。我最担心的是西贡村的父母。霍纳村在雅鲁藏布江西，西贡村在江东的大山里，江上的藤索桥已经断裂，我和家人根本没法联络。

我来到江边，呼喊亚让村的头人齐米多吉（现在是县参事室副主任），我们两人隔江相对，风声大，水声也大，说话听不清。齐米多吉写了一张纸条，用箭射过来，问：“乌拉怎么样啦？”我写了一张纸条，用箭射过去，说：“差不多死光了。”我又写了一张纸条，问：“我的家怎么样啦？”齐米多吉不大会写字，请措本（区长）写，措本也不大会写字，只写了这么一句：“西贡村被压在山底下了。”我一看，像五雷轰顶，两眼发黑，栽倒在地。醒过来后，我不停地哭，哭得死去活来，亲人都死光了，我也不想活了。后来想方设法，从溜索桥上过了江，跑到西贡村一看，全村8户人家，都被埋在地下，我家11口人，只剩下一个小弟弟，地震时他在地里干活，只见山坡往下滑，他回到村边，看见全村都埋在山底下了。

地震后的日子，真是苦死了。多雄拉山路不通，老百姓没有盐吃；田地压在石头底下，庄稼没有收成；牲畜差不多死光了，酥油吃不上。我妻子家所在的霍纳村措本（区长）不识字，没文化，看我能写会算，让我去当他的文书，总算有了一份收入。我在当文书的同时，又替巫师神汉当助手，为别人送祟祈福，治病驱邪，日子就这样熬过来了。一年以后，我的妻子病死了，死时留下遗言，要我跟她的妹妹一起过日子。

第二天，8月9日，我和次旦多吉穿好解放鞋，扎好绑腿，背负行囊，手拄竹棍，由益西平措先生带领，重新踏上了墨脱采风旅程。从米林到墨脱县城，整整走了5天，腿走肿了，腰走酸了，满身都是伤痛，确实有些走伤了。今天又要上路，目标是北部山区珞巴族聚居的卡布寨和达木寨，前去采录珞巴神话、故事和民俗民风。然而，今天的情形略有不同，主要是有益西平措老先生同行，他知识渊博，阅历丰富，一路上见山说山，见河说河，村庄古寺，都能说出一段故事来，使我和次旦多吉增长了知识，开阔了眼界，不知不觉间听着一堂堂墨脱的历史课、地理课、民俗课。三个人有说有笑地溯雅鲁藏布江北上，蓝蓝的天空，悠悠的白云，田间的稻浪，雪山的银峰，都使我们脚步轻盈，心情开朗。

走了约莫两个小时，忽有一条小河，切断了脚下的道路。河床深切，流水湍急，架在石墩上的桥已被洪水冲垮，我们从残缺的桥面上连蹦带跳趟了过去。益西平措说："这条河叫西蒙河。70年前，发生过一件大事，当时墨脱县的县官（宗本）刀布，按照清廷官员的指令，在桥头捕杀了波密土王白玛策旺，演绎了一段恩仇史。"

马蒂村是个美丽而富裕的门巴族村寨，丛丛绿树，座座竹林，环抱着错落有致的木楼。木楼前后，晾晒着新摘下来的辣椒，村寨处处红艳艳，洋溢着一派丰收景象。益西平措说："村长普布的妻子松桑姆是我往日的相好，我们到她家吃午饭去！"接着又凑到我的耳边，低声细语道："旧时东布村措本（区长）阿旺次诚，身材高大，威武健壮，很讨女人的喜欢，当地每一个村寨，差不多都有他的情妇，都留下了他的后人。松桑姆是阿旺次诚的私生女，年轻时可标致呢，被人称为'马蒂一枝花'。"说着接过我的五四式手枪，雄赳赳气昂昂地背在身上，大步朝松桑姆家的木楼走去。登上一道木梯，穿过宽敞的木质晒台，进入左边的起居室。村长普布躺在竹席上，据说正在发疟疾。看见我们进来，连忙坐起，招呼妻子接待客人。他的妻子松桑姆，是个眉目清朗、举止大方的中年妇人。正如益西平措所说，年轻时一定是美丽动人的。她请我们在火塘西面的贵客座位上就坐，自己很麻利地从里屋拎出一小桶蔓加酒，用小铜瓢倒给我们喝。我不愿喝酒，婉言谢绝，益西平措先生不大高兴了，说："门巴人的酒，那是一定要喝的，如果不喝，便浇在头上。别人喝几瓢，你头上浇几瓢。"听他这么一说，我赶紧喝了一瓢，果然清凉甜润，爽快异常，比起东布村喝的玉米酒，又胜一筹。益西平措从背篓里取出两个芭蕉叶包包，一包是煎鸡蛋，一包是米饭团，作为我们的午饭。就着蔓加酒，吃着猪肉和米饭团，大家有说有笑，气氛轻松而愉快。饭后，他从背篓里郑重其事地拿出两只用黄绸子包裹的龙花瓷碗，小心翼翼地递到松桑姆手中，说："这是我今年春天，在首都北京开全国政协会议，专门为你们买的，请留下用吧！"松桑姆伸出双手，把这份珍贵的礼物接过来，搁在自己头上顶礼了一番，放进墙边木柜里。

正在这时，只见一个年轻女子，背着一个光身子的小女孩，从木廊那边笑眯眯地走进来。进屋一边对我们点头问候，一边坐下来给小女孩喂奶。她很年轻，最多不过20岁，花汗衫，红筒裙，细腰长腿，皮肤光洁，模样俊俏。次旦多吉在我耳边说："她是个地道的门巴族美人，咱们得多拍几张照片吧！"松桑姆说："这是我的二女儿莱姬，刚刚晒了辣椒回家。我还有个大女儿，叫拉姆措，她是乡里的赤脚医生，拉萨市的人大代表，现在出外巡诊去了。"告别村长家，又遇到一个男孩，头发卷曲，眼睛黑亮，说是小伙子，更像个大姑娘。益西平措说："他叫青青，是松桑姆夫妇的宝贝儿子。"青青和益西平措非常熟络，夺过他的背篓，背在自己背上，把我们送出很远很远。

## 梅日珞巴寨夜话

告别马蒂村，三个人继续赶路。这一路走得很苦。不是翻山越岭，便是过乱石堆。太阳像一个火球，牢牢地钉在天上，晒得我们头上起火，身上冒烟，汗流如雨。单薄的衣服，只好脱了穿，穿了又脱，最后干脆光膀子赶路。一路上还得对付蚂蟥的袭扰，提防马蜂叮咬，尤其是要注意神出鬼没的毒蛇的袭击。尽管我小心又小心，最后还是难逃一劫，在一蓬刺树林边，一只马蜂在我的左手上重重地螫了一口，手背看着便红肿起来，变成小馒头一般。益西平措看了看我的伤口，说："墨脱的马蜂很多，最可怕的叫'索古玛'，意思是蒙古兵，螫了要人的命。老师你只是被普通马蜂螫了，痛是要痛一阵子，但生命没有危险。"次旦多吉取出季得胜蛇药，一下子敷了大半瓶，又拿来一条哈达，缠住我的痛手，吊在脖子上，有点像战场上负伤的伤兵。

夕阳西下时，一个小小的村寨，出现在崖峰陡坎之间。天空中青烟袅袅，看样子家家户户都在准备晚饭。益西平措说："这是梅日珞巴寨，寨子里有个著名的珞巴族猎手，名叫钦多吉，性情豪爽，最为好客，我们到他家投宿去!"钦多吉是墨脱地区最负盛名的猎人，也是梅日珞巴人当之无愧的代表。年纪60开外，头发卷曲，两眼明亮，高鼻子，大嘴巴，英气勃勃，个头不高，却身矫体健，威武强壮，如同古代的一个武士。他在木楼里上上下下，进进出出，腰间不离长刀和弓箭；墙壁上挂满了老虎、狗熊、雪豹、野猪的头颅和腭骨，显示着他狩猎生涯的成就与光荣。饭后大家坐在他家晒台上，面对雅鲁藏布江对岸的南迦巴瓦雪山，冰峰雪岭，千姿百态，掩映着星光月色，更显得神秘莫测。此情此景，我们的谈话，离不开雪山，离不开森林，离不开狩猎和野兽。

"江那边大山里有怪兽哩!"

老人一句话，引起了我和次旦多吉极大的兴趣，连忙央求他讲一讲这方面的见闻。

# 荒尤怪兽

钦多吉

那是 70 多年前的事情了。

江对岸的乌南村，有个勇猛无比的猎手，名叫都扎旺钦，力气大，胆子也大，天不怕、地不怕，猛虎、雪豹都不在话下。

有一天，他身背火枪，腰挂弓箭，带着两条猎狗，到大山深处果阿地方看朋友。路过荒尤村，在德清阿妈家坐了坐，喝了两竹筒酒，吃了一腿野猪肉，出门时，日落西山，四处苍茫一片。德清阿妈说：“大哥，不要再走了，今晚就住在我家吧！最近这一带山林里不干净，有人不像人、鬼不像鬼的怪物出没。吃牲口，吃庄稼，还出来伤人、吃人！你千万要小心啊！”都扎旺钦没有把阿妈德清的话放在心上，吆喝着猎狗匆匆忙忙走了。

走进一处山林，两条猎狗突然紧张起来，发疯似的吠叫。旺钦费了好大工夫，才让猎狗住口。侧耳听，远处好像有人在喊：“勾噫，勾噫！”都扎旺钦按照当地猎人的习惯回答：“勾噫，勾噫！”茫茫夜色里，他们一呼一应，一喊一答，两个声音渐渐地越喊越近。天色昏黑，林深树密，都扎旺钦看不清对方。突然，近处的草木激烈地摇动，一个黑乎乎的东西，人不像人，鬼不像鬼，野兽不像野兽，口里呼哧呼哧地怪叫，一下子直立身子，朝他猛扑过来。刚才拼命吼叫的猎狗，一起哑了音，缠着他的脚杆簌簌发抖。都扎旺钦发现情形不对，一没办法开枪，二没办法射箭，只好甩开双腿，赶紧逃命。那怪物紧紧跟在后面，穷追不舍。他上坡，那东西追上坡；他下沟，那东西追下沟。一直追到雅鲁藏布江边，都扎旺钦看见有个岩洞，便一头钻了进去躲起来，两只猎狗跑得比他还快，早他一步钻进洞里去了。

都扎旺钦还没喘过气来，又听到呼哧呼哧的声音，原来那怪物已经到洞口了。他的脑子里突然冒出一个念头：“野人怕火！”他飞快地打燃火石，点燃洞里的枯枝落叶，火苗借着风势，红殷殷地烧成了一片，火苗蹿得老高老高。隔着火，都扎旺钦看到了怪物的模样。它身上长满了黑毛，比牦牛还要粗壮，两只獠牙外露，一对绿森森的眼睛亮得悚人。怪物怕火，火势大了，它怪叫着逃跑，火势小了，它又呼哧呼哧跑拢来。最后树叶烧光，怪物不再害怕，咯咯咯地怪笑，它脸朝外，两只前肢撑地，蹶起大屁股往洞里墩，想把猎人和猎狗一起挤扁、墩死。都扎旺钦眼看性命不保，决心最后一搏，他在弓上搭两支毒箭，又在火枪里装上双份的火药和铅弹，用吃奶的力气，猛地将箭射出，毒箭嗖嗖地射进那东西的后背，又把猎枪顶住怪物的大脑袋，轰隆一声，火枪爆裂，那东西连声怪叫，连滚带爬逃出岩洞，一头栽进雅鲁藏布江。

几天之后，下游霍纳村的老百姓，发现从上游地方漂下来一具怪物的尸体。有人说是人熊，有人说是猩猩，有人说是野人。几十年过去了，到现在也没有一个准确的说法。都扎旺钦带着猎狗，回到乌南村，杀了两头巴敏牛，三口猪，祭祀山神、水神、森林神，也为自己压惊。乌南村民把都扎旺钦奉为“包乌”，也就是英雄。

# 格当猎人

钦多吉

从梅日村往北走，有一个山区叫格当。早些年间，格当村有一个猎人，娶了一个恶老婆，脾气暴躁，性情凶悍。他每次上山打猎，老婆都要说："打到了野物可以回家，打不到野物就别回家！"

有一回，猎人在深山老林奔波了一整天，一只兔子也没有打到，心里难过极了。想回家又要受老婆的气，便找了一棵大树，爬到树上过夜。在树上又饥饿，又无聊，便从怀里掏出一支短笛，咿咿呜呜地吹了起来。他做梦也没有想到，一只灰不溜秋的母人熊，从密林深处摇摇摆摆走到树下，伸出毛茸茸的爪子，把他从树上抓下来，夹在胳肢窝里，呼哧呼哧朝山顶上爬去。猎人受尽惊吓，昏了过去。

等猎人苏醒后，发现人熊已经把他抓进了山顶的崖洞，借着星光月色，他看见自己身边坐着只牦牛大的母人熊，心想："完了！完了！我要成为人熊的粪便了。"不过，人熊并没有吃他的意思，只是咧开大嘴，咯咯咯地对着他笑，笑得他全身发毛。人熊从自己屁股底下，摸出一只公獐子，"唰"地一下，撕成两截，半截送到猎人手里，让猎人吃，半截自己吃掉，剩下连肚脐带麝香的地方，扔到了崖洞的一边。猎人胆子大了一些，一边啃獐子肉，一边想：如果我把这些麝香收集起来带回去，真的发财了。

母人熊对猎人很友善，看他爱吃獐子肉，每天出去逮獐子。它出洞之后，抱起巨大的山石，把洞口堵得严严实实。人熊每天都逮一两只公獐子回来。半只给猎人吃，半只自己吃，吃剩下的肚脐和麝香，扔在一旁，它嫌麝香有怪味哩！人熊外出的时候，猎人细心地把麝香收集起来，装进装糌粑的小羊皮小口袋里。

秋去冬来，天气越来越冷，猎人忍受不了高山崖洞的风寒，从怀里摸出火镰火石，点燃洞里的枯枝败叶，生火取暖。母人熊头一回看见火，吓得嗷嗷乱叫，张牙舞爪朝火堆扑去，猎人打着手势，让它安静，教它烤火，没过多久，母人熊烤火烤上了瘾，它离不开火了。每次回洞，便向猎人做出火镰敲打火石的动作，示意猎人赶快生火取暖。

高山上落下了雪，北风呜呜地叫，山洞里冷得更厉害了。猎人用野兽的皮子，缝了一顶皮帽，一副皮手套，一副皮脚套，戴在母人熊的头上、两手和两脚上。母人熊感到周身暖和，舒服极了。猎人和人熊，每天在洞里烤火，皮子烤干了，紧缩了，捆死了人熊的手脚。猎人看了看麝香，已经满满一羊皮口袋了。趁着母人熊不注意，揣上麝香便往山下跑。母人熊的爪子不能抓人，双脚不能跑路，只能眼巴巴地看着猎人逃跑。它走到洞口，不停地给猎人打手势，意思是："朋友！把火镰火石留下来吧！"

## 听老人们再述墨脱史

夜色渐渐深浓，暑气慢慢消散，星光月色，辉映山村，气氛和谐而又幽静，从雅鲁藏布江上，吹来了清凉的风。钦多吉老人的话匣子打开了，看样子收不住了，他见多识广，谈兴正浓，他给我们讲了梅日珞巴寨最早的头人、狮头酋长札奔久岸的传奇故事。刚才讲的荒尤怪物和格当猎人，只能说是前奏。

# 狮头酋长札奔久岸的传奇

钦多吉

早先，我们墨脱的珞巴人，一没有头人，二没有长官，三没有寺庙，四没有乌拉和差役。后来，我们梅日珞巴寨，出了一个了不起的英雄，名叫札奔久岸，他成了梅日珞巴人的第一个头人，也是整个墨脱珞巴的首领。说起来，他的身世就很神奇，他是山林里野猪养大的孩子。

有一年，梅日寨的珞巴猎人，进入深山老林集体围猎，赶出一头巴敏牛那么大的母野猪。猎狗围住它乱叫乱咬，猎人用毒箭猛射，这头野猪身负重伤，行将死去，还是不要命地往前闯，撞倒了猎人，掀翻了猎狗，逃进很深很深的山洞里去了。

众人在老猎人的带领下，将洞口团团围住，等了好久好久，里面传出婴儿的阵阵啼哭声。老猎人觉得很是奇怪，便带上两个胆大心细的年轻猎手，一手拿长刀，一手举火把，一步一步走进去。最后发现母野猪已经死去，一个光身子、黑头发的小男孩，正趴在它的身旁使劲吸奶呢！

老猎人把小男孩抱出来，众人抽刀就要斩杀，说："鬼儿子，留着有什么用？"老猎人劝住众人，说："杀小孩，不是珞巴人的做法。野猪养大的孩子，要么是妖魔鬼怪，要么是英雄豪杰。你们不愿要，让我来把他养大吧！"

小男孩在老猎人家人的哺育下，一年一年长大了。长得门高树大，比牛犊还结实，比老虎还勇猛。老人给他取了一个名字，叫"久岸"，意思是十五。久岸上山打猎，野牛和猛熊不在话下；和部落里的小伙子打架斗殴动刀子，十个八个都对付不了他。

老猎人还有三个儿子，老大叫罗杰，老二叫阿森，老三叫尼普，四兄弟久岸最小，主意最多，胆子最大，天不怕地不怕，三个哥哥都听他的话。四兄弟是梅日地方的四只虎，久岸成了梅日地方的第一好汉。

梅日和工布交界地方，有一个朗拉山口。山口那边工布宇松部落的牧人，常常把牛羊赶过朗拉山口，放牧到梅日部落的草场。久岸看了很生气，赶去教训他们。久岸来到草场，宇松人装得很礼貌，轮流请他喝青稞酒。久岸也不客气，喝了一碗又一碗，喝了一筒又一筒，喝完9筒酒的时候，宇松人以为他醉得差不多了，4个汉子抓住他的左胳膊，4个汉子抓住他的右胳膊，想把他摔倒。没想到久岸左手一抡，打倒了左边的4个汉子；右手一抡，打倒了右边的4个汉子。他飞脚朝梅日跑，宇松人跟在后面追，久岸一边跑，一边朝宇松人射箭，把他们头上的帽子，身上的袍子，通通射穿了。宇松人害怕了，不敢再追，久岸跑过去，把他们的绵羊砍得东奔西逃，酥油扔得七零八落，帐篷扯得乱七八糟。之后，他唱着歌回去了，久岸被梅日珞巴人公推为首领。

宇松部落吃了亏，部落头人亲自来谈判。久岸说："我们珞巴人，不会说话，只会行动。这样吧，今天一天，明天两天，后天太阳从雪山顶上升起的时候，你们从宇松朝梅日跑，我们从梅日朝宇松跑，双方碰面的地方，便是梅日部落和宇松部落的分界线。"宇松头人点头同意。到了第三天，久岸四兄弟早早地起程，跑得比雪豹还要快，一口气跑过了5个山头，双方的人在朗拉山口碰面。照理说，朗拉山是两个部落的分界山了。宇松头人不服气，提出比赛射箭。射箭是工布人的强项。宇松部落派出最好的箭手，一箭射穿3只羊。久岸也射了一箭，穿透9只羊，又穿透一棵树。宇松人没有办法，只好承认朗拉山是双方的分界线。而且立了一个规矩，每年夏天，朗拉山口冰雪融化，道路开通，工布人要给珞巴人送9只羊，说是买路钱。

久岸整治了工布人，维护了梅日部落的权益，长了珞巴人的威风，受到全墨脱珞巴人的称赞，公推他担任整个墨脱珞巴人的首领。献给他一个“森格果倒札奔久岸”的名号，意思是：狮头酋长、横勇无敌的首领久岸，请求他给予保护，自愿听从他的号令，为他支付乌拉差役。札奔久岸一点也不客气，把格邦拉以北、随拉雪山以南的广大地域，以及这块土地上的所有珞巴人，全都归到自己的掌控之下。

札奔久岸当了梅日和整个墨脱珞巴人的头头，日子长了，脾气大了，性情也古怪了。真是傲气比雪山还高，脖子比野牛还粗。从前他是珞巴人的儿子，现在成了珞巴人的老子。老百姓家里有什么好东西，他看见什么拿什么。谁家有把好刀子，他说：“这刀不错，阿爸我拿去使使！”谁家有口好锅子，他说：“这锅不错，阿爸我拿去用用。”谁家有头好牛，他说：“这牛挺肥，阿爸我拿去吃吃。”墨脱的珞巴人，尤其是日后进来的门巴人，听见札奔久岸的名字，一个个吓得浑身打战，东躲西藏，看见札奔久岸来了，好像看见了老虎和狮子一般。人们提心吊胆地过日子。收割的粮食，赶紧藏进山洞；有把好刀，有口铜锅，赶紧埋在地下；有头肥牛，也藏进大森林。其实，札奔久岸也不是对老百姓都很凶，有时候他也很大方，就要看他高兴不高兴，情绪好不好。情绪好的时候，财物随便送人：“阿爸我这裤子不错，阿爸给你拿去穿吧！”“阿爸我这头猪挺肥，你拿去宰了吃吧！”“阿爸我这串珠子很贵重，你拿去戴吧！”给谁谁就得拿，不拿还得挨揍，弄得老百姓哭也不行，笑也不行。

墨脱的北方，有一个强大的波密部落。波密有一个王，自称“噶朗德巴”，意思是天空和大地的主人。噶朗德巴土王，一直垂涎墨脱丰富的森林和肥沃的田园，很想统治这片美丽、富饶的地方，奴役墨脱的珞巴人和门巴人。他们一次又一次地派出军队，翻过白雪皑皑的喜马拉雅山，入侵墨脱的山林和牧地，每次都被札奔久岸统领的珞巴人赶回了老家。

日子一年又一年地过去了，扎奔久岸在长长的岁月中变老了，老得头发像雪山一样白了，老得口里一颗牙齿也没有了，老得身子跟柳树一样弯曲了。这时，门巴人进入了墨脱，干布巴在东布地方修了喇嘛庙，波密的噶朗德巴土王觉得统治墨脱的机缘到了，他派出牧民头领齐本罗布，带着30个兵，越过随拉雪山口，进入墨脱地面，走到梅日地方，抬头看见札奔久岸和他的弟兄们，手里拿着长刀和利斧，挡在藤网桥头，大声问道：“喂！喂！波密王的人听着：你们波密地方，早上不出太阳吗？晚上没有月亮吗？山上不长草木吗？河里没有流水吗？为什么不在波密耕田种地，牧放牛羊，捕鱼狩猎，安生度日，为什么跟个小偷似的，到我们墨脱来偷；跟个强盗似的，到我们地面上来抢！我札奔久岸老是老了，力气小是小了，照样可以把藤网桥砍断，让你们通通滚进雅鲁藏布江里喂鱼！”齐本罗布一看不对劲，乖乖地领着亲兵逃跑了！

过了不久，齐本罗布又奉噶朗德巴土王的差遣，带领更多的兵，每个兵都背一支火枪。火枪在当时是新式武器，用长刀和弓箭武装的珞巴人，被波密人打得大败而逃，一直逃到了仰桑河边，逃进雅鲁藏布江下游的深山老林，札奔久岸也当了波密人的俘虏。札奔久岸非常生气，像一头愤怒的雄狮，大声吼道："我们墨脱珞巴人自古以来，头上没有长官，身上没有差役，不要喇嘛，也不要王法，你噶朗德巴，凭什么骑在我们头上？"齐本罗布冷笑了三声，说："别说了，札奔久岸！珞巴不要头人，你不是头人吗？不要差役，你不是派了差役吗？不要喇嘛，干布巴不是喇嘛吗？不要王法，你的话不是王法吗？"札奔久岸没有办法，只好拿出满满一箭筒的猫眼石，保住了自己的一条命！

英雄一世的狮头酋长札奔久岸，最后在梅日寨的破房子里，孤孤单单地离开了人世。

钦多吉老人讲述了珞巴首领札奔久岸的传奇，大家为这个名噪一时的人物感叹不已。我倒觉得在钦多吉老人身上，有几分札奔久岸的豪爽，有古代英雄的气质。其实，许多个世纪以来，墨脱并不是置身世外的桃源仙境，而是充满争斗和仇杀，甚至是充满了战争硝烟的真实世界。钦多吉老人的述说，引发了益西平措先生的谈兴。他给我们讲起了札奔久岸时代，墨脱珞巴人和门巴人互相残杀、械斗的往事，以及清军进军墨脱的历史传说。

## 珞巴人和门巴人相互仇杀

益西平措

6户门巴人东迁墨脱之后，门巴人陆陆续续从不丹、门达旺等地移民过来，在墨脱安家落户。刚开始，墨脱的珞巴人对他们比较宽容，比较友善，比较欢迎，荒地让他们开垦，山林让他们打猎，江湾让他们捕鱼。时间长了，门巴人越来越多，矛盾和冲突便出现了。门巴人勤劳肯干，能吃苦，生产技术高，劳动工具好，他们收获的粮食总是比珞巴人多，他们放牧的牲畜总是比珞巴人的好。再加上干布巴师徒父子进了墨脱，在各地修建佛教寺庙，门巴族是信奉佛教的民族，他们感到有了后台，精神上有了依靠，不愿像刚开始那样，对珞巴人诚惶诚恐，妥协退让了。这样，珞巴人嫉妒了，气愤了，有一种客人替主人当家的感觉，有一种受骗上当的感觉，于是处处刁难门巴人，事事和门巴人作对，殴打、抢劫、欺侮门巴人的事，天天都在发生。

那时候，墨脱珞巴人的首领，是梅日的札奔久岸狮头四兄弟，东布的勒珠、邦东、澎波虎头三兄弟，希让的亚底、噶吉、罗布三兄弟，还有格林的熊头巴米等等，对门巴人最为凶狠。门巴人家的东西，他们可以随便拿；门巴人出门做生意，他们可以随意抢。规定门巴人只能种一只铜锅那么大的地，只能撒一刀背那么多的种子。门巴人最害怕札奔久岸。他每到一个地方，门巴人的东西就被一抢而光。他们不光把好东西藏起来，还编了一套只有自己人才听得懂的暗语、隐语，以防备珞巴头人听到、抢走。

门巴人的日子苦死了，门巴人像钻进鱼篓里的鱼，不能前进，也没法后退，墨脱没法待，老家又回不去。一些门巴族的当家人去拜见了干布巴的传人、罗邦寺活佛德清林巴，恳求他给门巴人指引一条生路。德清林巴说：“最好的办法是派人到不丹老家搬救兵。”

派去搬救兵的人叫米米朝勒，他是县参事室副主任仁清爷爷的爷爷。朝勒到了不丹安仓地方，先讲墨脱地方如何如何好，糌粑的山，牛奶的湖；再讲珞巴人如何如何凶，门巴人如何如何受欺压。不丹门巴人是很强悍的人，说话就要冒火，抽刀就要见血。安仓部落的领头人，一个是百户长扎西罗布，一个是百户长次旺朗结，他们很快集中了一百多人，前往墨脱去救助自己的门巴族弟兄。

不丹当局得到消息，立刻派总管白玛领兵追赶，双方在朗县的金东拉山上遭遇，互相拼刀子，百户长扎西罗布砍断了总管白玛的腿，白玛把刀扔过来，击中扎西罗布的额头，总管白玛死了，追兵只好返回，13 天后，扎西罗布也死了。部队由百户长次旺朗结带领，继续向墨脱进发。

安仓的援兵到了墨脱，先住在地东附近的希让村，大大增强了当地门巴人的实力。珞巴人听说门巴人来了援兵，便集合队伍发起进攻。援兵首领才旺朗结带领大家前去迎敌。出发时，一位老婆婆给他倒壮行酒，酒碗没有倒满，酒壶便空了。大伙儿说："这不吉利，头领要换人！"次旺朗结不同意。这时候，珞巴人已经爬上了附近的埃工拉山，每个人手握一支长矛，"呜呜呜"地叫，发出挑战的信号。

门巴人的武器是腰刀和盾牌，珞巴人的武器是长矛，刀短矛长，门巴人处于劣势，刚开始对阵，门巴人吃了不少亏。珞巴人的长矛一齐刺向次旺朗结。次旺朗结非常勇猛，左边一刀，砍断五支矛；右边一刀，又砍断五支矛。他挥舞腰刀，杀人跟割青稞麦一样，杀得全身都是血，珞巴人吓坏了，认为次旺朗结不是人，是神魔，比魔鬼还凶狠，慌忙拔腿逃跑。

次旺朗结领着门巴人一直追到山顶，次旺朗结的刀，因为杀人太多，火漆溶化，刀柄脱落，他一边用刀柄对付珞巴人，一边对后面大喊："快给我换刀！"这时，珞巴人又冲上来了，哇哇乱叫，后边的人听不清，没有人送刀上来。次旺朗结又大喊："快冲啊！快冲锋！珞巴人快垮了！"后面的门巴人听了，以为是"快逃呀！快逃呀！快逃命！"一溜烟全都跑光了。

山顶上只剩下首领次旺朗结一个人，珞巴人将他团团围住，这个刀砍，那个矛戳，次旺朗结没有投降，他纵身一跳，跳下了万丈悬崖。珞巴人惊呆了，说："这个门巴人真了不起！"

这一仗很惨烈，双方都死了不少人，战斗刚平息了一两年，门巴人和珞巴人的战斗，又在格邦拉山南面的波里结马地方打响了。门巴人的首领是安仓的佐格、桑拉、朗结、白玛结布、勒扎巴，珞巴人的首领是里让的熊头大王巴米，又从雅鲁藏布江下游请了莫邦珞巴人来支援。交战时，勒扎巴杀死了大名鼎鼎的熊头大王巴米。

罗邦寺活佛德清林巴闻讯前来调解，他说："这个仗，你们不要再打下去了，再打下去，墨脱的珞巴人、门巴人都要死光了。"双方达成协议，同意休战。

战乱停息了好几年，不过小的冲突和械斗仍不断。珞巴人看见门巴人便生气，门巴人看见珞巴人也不高兴。不论门巴人还是珞巴人，出门都要携带武器，刀矛不离手，弓箭不离身，空气紧张得快要爆炸了。从南到北，从北到南，谣言不断，一会儿说："洞工珞巴人准备好了，要北上打门巴人。"一会儿又说："门巴人派人到不丹、门达旺搬兵去了。"

许多年后，一场可怕的残杀还是从百崩附近的格林村开始了。

格林是我的老家，我的祖先从不丹进入墨脱，定居在格林村。格林寺是我爷爷和他的哥哥兴建的，这场仇杀的过程是我听爷爷亲口说的。大约一百年前，格林有一户门巴人家，哥哥叫齐米，弟弟叫曲杰，两兄弟分家，因为一个银子的“噶乌”（妇女挂在胸前的佛盒）发生争执，反目成仇，同村人大都向着哥哥，弟弟曲杰非常气愤，扬言要去投靠珞巴人，将珞巴人引来，将村里人杀光。

曲杰赌气出走后，格林村的门巴人十分紧张，大家躲进寺庙，在庙里垒起坚固的碉堡，磨快了长刀，准备好毒箭。过了几天，曲杰领着珞巴人来了，他们说：“我们不是来打仗的，我们是来劝和的。”他们把两方面的人约请到附近的百崩村，杀了一头巴敏牛，喝血酒，发毒誓，双方停止争议，和好如初。一场风险，好像是平息了。到了阳春三月，格林人出门耕田播种，出门干活。

万万没有想到的是，在一个夜晚，曲杰通知他的人马，在门口插一根新鲜树枝。第二天天刚亮，珞巴人一伙儿一伙儿地涌到格林村，进入格林寺，捣毁了碉堡，火烧了经楼，一场可怕的杀戮开始了，凡是没有插树枝的人家，珞巴人逢人便砍，见人就杀，小孩子被抓起来，扔到空中，用刀尖去戳。有的人被绑在树上，用毒箭射；丢在石臼里，用木杵砸。只杀得天昏地暗，鬼哭狼嚎，尸横遍野，血流成河。可怜一个繁荣兴盛的百户村，转眼之间变成了一片坟场，84 位村民死于非命。

有的人逃出村子，沿着小河往德尔贡方向跑，珞巴人跟在后面一路追杀，又杀死不少大人和孩子。我的外公桑布札，走投无路，只好跳入河中，躲进石头缝里，他看见珞巴人坐在河边石崖上，一双赤脚垂在他的面前摇晃。我的爷爷德勒旺秋躲进百崩村的珞巴人家，总算保住了一条命。猎人噶布仁青逃走时，身上带着弓箭，他藏在密林里，射中了7个珞巴人。

珞巴人血洗格林村的惨剧，震动了整个墨脱门巴人。格林齐米等人，往北翻过喜马拉雅山，逃到波密地方，投靠波密土王，表示愿意当波密土王的百姓，愿意支付乌拉差役，请求波密土王赶快派兵。波密土王早就看中了墨脱这片灵山圣土，早就有吞并白玛衮的野心，现在正是求之不得的好机会。“美味送进口中，能用舌头顶出吗?”他立即命令牧人头领齐本罗布率领300名士兵，带上火枪等武器，打着保护门巴人的幌子，杀奔而来。

进军路上，各地的门巴人纷纷赶来，组成门巴人的民军。上部门巴人来自加拉萨的洛村、丁村、赤村，中部门巴人来自朱村、卡布村、梅日村，下部门巴人来自东布、地东等4个地区，加起来也有300多人。波密人和门巴人联合以后，决定兵分两路，向南攻打珞巴人。齐本罗布带领的波密兵，由门巴人伦珠担任向导，爬上高山峻岭，直插德尔贡。其余的人由门巴族首领白玛多吉、戈仓巴、地东米本考吉带队，顺雅鲁藏布江而下。13天后，齐本罗布的兵神不知鬼不觉地抵达了德尔贡，抄了珞巴人的后路，波密士兵有7支火枪，珞巴人只有一支火枪，珞巴人打不过波密人，只好败退。

波密兵和门巴人合在一起，翻过南边的格邦拉山，打到岗工拉珞巴人聚居区，在这里互相厮杀。珞巴人用竹子扎成营盘，他们从营盘里往外扔石头，波、门联军攻不进去。洞工珞巴人把唯有的一支火枪，从竹排里伸出来射击，卡布村的翁波用手去抓，枪在额头打响，把命也丢了。

双方的人在岗工拉僵持，你打我，我杀你，非常惨烈。双方各自的人，往前线送酒、送肉，互相恫吓、对骂、起哄。洞工珞巴人打不过齐本罗布的兵，又往南逃到仰桑河畔。珞巴人砍断了河上的藤索桥，隔着河打石头、射箭，阻止波密人和门巴人的进攻。

有一天，一个珞巴老太婆，摇晃着树枝，边走边喊，说是过来讲和。双方派出代表，进行谈判。查找这次战乱的根子，找出挑拨离间、酿成灾难的主要有4个人：一个是东布村的吉白，当场将他逮起来，扔进了地东前面的雅鲁藏布江（他是县参事室白嘎副主任的外公），另外有格林村的曲杰，还有吉香、白罗，他们都逃之夭夭了。

接下来达昂珞巴、洞工珞巴和门巴人盟誓。杀巴敏牛，吃生肉，饮血酒，指着太阳和月亮，立下比磐石还重、比毒箭还狠的誓约："从今以后，门巴人和珞巴人不再打仗，不再仇杀。如果哪一方发起械斗，挑动仇杀，达昂人进尼日尼西（指仰桑河山谷），洞工人进工毕里毕（指雅鲁藏布江最下游），门巴人回巴依巴朗（指不丹）。"从此，墨脱的珞巴族和门巴族之间和睦相处，没有发生过大的矛盾冲突。

其实，在这场大规模的门巴人和珞巴人的仇杀械斗中，最受益的是波密土王噶朗德巴。他没有付出多大的代价，便统治了整个墨脱地区，门巴人、珞巴人都得乖乖地为他支付乌拉差役。正像后来门巴族谚语所说："自己做的牛轭，套在自己的脖子上。"噶朗德巴土王，把墨脱全境分成两个宗（县），格邦拉山以上叫地东宗，格邦拉山以下叫噶拉央宗。

（笔者按：关于墨脱地区门、珞仇杀的具体年代，老人们都说是100多年以前，或者说，是仁青崩寺庙兴建到波密土王统治墨脱之前这段时间发生的。较大规模的械斗或仇杀，一共有过三次，以第三次规模最大，死人最多，情形最惨。益西平措先生回忆，门珞第三次械斗、珞巴人血洗格林村时，他爷爷德勒旺秋刚好20岁，推算起来大约是1890年。而社科院民族所编印的墨脱门巴族社会历史调查报告指出，波密土王统治墨脱、建立地东宗为1881年。笔者认为第三次门珞械斗，发生在1880年或1881年的可能性最大。其间时间有些误差，有待西藏史家订正了。）

益西平措先生，接着讲了地东宗宗本（县官）刀布劫杀波密土王的故事。

## 劫杀波密土王白玛策旺

益西平措

门珞仇杀事件后，波密王吞并了整个墨脱地区，格邦拉山以上地区，称为地东宗；格邦拉山以下地区，称为噶拉央宗。噶拉央宗宗本（县官）由珞巴人担任；地东宗宗本（县官）由门巴人担任。第十一任宗本（县官）刀布任职的时候，出了一件大事，他遵循清朝驻军的授意，在西蒙河边劫杀了波密土王白玛策旺。

波密土王统治了墨脱全境，自认力量强大，天下无敌了。大约70年前，土王白玛策旺派兵攻入工布地区，与驻藏清军发生正面冲突。这场战争打得非常残酷，最后白玛策旺被清军打得全军覆没，只好带领家人逃进墨脱境内。清军派了一个名叫德色珠古的西康喇嘛，进入墨脱组织劫杀波密王。德色珠古找了宗本（县官）刀布，刀布答应大力协助，并和德色珠古等人一起，策划了劫杀波密王的事宜。

刀布是门巴人，家住月儿东村。从小无父无母，村里人叫他杜珠（孤儿）刀布。他家里很穷，下地干活时，邻居们带上吃的喝的，刀布没有食物，便在背篼里搁两块石头，表示带了午饭，别人吃饭的时候，他一个人坐得远远的，装做吃东西的样子。有一次，他上山打猎，在一个崖洞里过夜，半夜发现树林里冒火花，便悄悄地起身，悄悄地出洞，看见一头白色的大羚羊，便射杀了羚羊。当地有个说法，猎到白色羚羊的人，一定会大吉大利，有福气。刀布射杀白羚羊，把牛头带回村寨，从此他的境况一天天好起来。种地得丰收，放牛膘情好，有喇嘛给他算了一个命，说他日后能当大官，还会有7个老婆。若干年后，刀布当上了地东宗的宗本。

再说波密王白玛策旺逃进墨脱，在仁青崩寺庙下面的东布村停留了几天，听说清军已经从米林派村翻过多雄拉雪山，抄他们的后路，白玛策旺不敢再往南逃，转身又向北面走。一个名叫波多吉的金银匠，得悉波密王的动向，跑去向德色珠古和刀布报告，他们派出波波、桑札巴、阿尼等几个康巴人和珞巴人赶到马蒂村附近的西蒙河边设伏。在藤索桥头用芭蕉叶搭起一个凉棚，准备在这里对白玛策旺动手。

白玛策旺一行从藤索桥上过来，波波等人走上前迎接，请求王爷到凉棚里歇息歇息，喝点茶酒，他们还要奉上一些食品和礼物，供王爷沿路使用。白玛策旺看见芭蕉叶间有一些记号，心里起了疑惑，不肯轻易进去，但迎接的人格外热心和谦卑，只好到里面坐坐，正在喝酒间，三支火枪一齐响起，白玛策旺还没有反应过来，已经应声栽倒在桌子底下了。清军首领闻讯赶到，割下

**波密王的首级，送到朝廷报功。参与劫杀白玛策旺的宗本刀布和有关人员，都得到了奖赏。波密王的妃子阿吉和女儿明珠，被送到旁辛区的乌朗村安置。**

（笔者按：关于劫杀波密土王白玛策旺的历史，我从西藏人民出版社出版的《联豫驻藏奏稿》一书中，看到有罗长裿《首逆就诛波密白玛杠一律荡平详》一文，时为宣统三年，即公元1911年，内容如下："波密总管白玛策翁逃赴白玛杠野番境内，当经檄调马一管带张鸿升，步二后队官时景堂，由德摩取道披多雄攻入野番境内。为兜拿该逆之计，并派羌纳寺僧官扎西泽忍，携带告示，先往开导野番，许以重赏，令其献出逆酋等情，业经详报在案。现据该管带等驰报，闰六月十八日，由披多雄前进，道路崎岖，牛马不能通过，粮食子弹，皆系雇夫背运。进至苯，遇僧官扎西泽忍，押解岳通带兵头目泥喜等来见。讯据泥喜供称，波密总管自到仁敬邦，即传谕岳通地方，严守隘口，布置药箭药签，抵抗大兵。在哈买一带建造兵房，并已调集珞巴兵丁百余名，把守阿衣八宗桥梁等处。并据供称，岳通旧营官夺补（即刀布），深明大义，不肯助逆各情。管带等当令泥喜亲写信函，力劝营官夺补去逆效顺，并给发参宪告示，派人递送去讫。一面拔队押同泥喜等前进。二十四日抵阿衣八宗，桥梁未毁，番兵已逃，饮食之灶，余火犹温。我军渡河前进，于二十五日午后抵岳通，营官夺补迎降。探知波密总管白玛策翁闻大军追至，已由东波八桑桥南窜。管带急悬重赏购眼线，派时队官带兵追拿。是夜赶至觉木曲宗，该总管白玛策翁已由仁敬邦业巴蒲冲与岳通营官夺补合谋杀毙。"

从当时主持征剿波密的驻藏大臣左参赞罗长裿的这份报告来看，与益西平措讲述的情况大同小异，某些细节更为生动和翔实，可见墨脱人口承历史的价值。接下来，益西平措先生又讲了宗本刀布的悲惨下场。益西平措的家在霍纳村，离刀布的老家月儿东村很近，益西平措说这桩公案是当地老人们向他讲述的。

## 宗本（县官）刀布的惨死

益西平措

就在波密王被杀的这一年，祖国内地爆发了革命，清帝退位，清军撤出墨脱。翻越多雄拉雪山时，雪深过膝，行动艰难，不少官兵得了雪盲。珞巴人趁机劫杀他们。这些被冰雪围困的士兵，完全失去了抵抗能力，只好竖起两根大拇指请求饶命："咕唧！咕唧！（劳驾！劳驾！）蛮塞！蛮塞！（别杀！别杀！）"。很是可怜。

波密噶朗德巴王重新掌权，从旁辛的乌朗接走了白玛策旺的妻子阿吉和女儿明珠，派出总管聂巴朗结出任地东宗本，办事衙门设在东布村。噶厦也把手伸进白玛衮这片莲花圣土，派来卸任僧官日杂堪钦，借住在东布村附近的仁青崩寺，打着做生意的幌子，插手墨脱事务。他请卸任宗本刀布帮助经商，其实是掌握墨脱的第一手材料。

聂巴朗结到墨脱后，很快明察暗访，调查波密王白玛策旺被杀的幕后原因，他要替波密王报仇。一天，他把波多吉请进府邸，波多吉是当地最有名的铁匠和金银匠。聂巴朗结表面上很客气，好酒好肉招待。席间聂巴朗结拿出三个印章，说："大师傅，我这里有三枚章子，请您认一认，哪一颗是真金子，哪一颗是假金子?”波多吉略微一看，便认出来了。聂巴朗结把脸一沉，怒喝道：“你能识别金子的真假，却不识人忠奸。你为什么要给汉官送信，诱杀天授的波密大王?”几个阿珠（打手）应声而出，把波多吉倒吊在房梁上，用刀子一刀一刀地割他的肉，直到把他杀死。

聂巴朗结利用日杂堪钦回拉萨办事的机会，打发阿珠康巴麦纳去霍纳村，通知刀布到东布村的宗政府衙署算账，因为刀布还经管着宗（县）政府的一些账目。刀布走到亚让地方，遇到亚让头人白玛朗珠（县参事齐米多吉之父），白玛朗珠说，“宗本啦，气候不对，您此去凶多吉少，最好返回霍纳老家去。要不，多叫一些伙伴跟随。”刀布说：“唉！只能听天由命了！是福不是祸，是祸躲不过！”果然，走到东布村的藤索桥边，聂巴朗结已经派了几个杀手在这里蹲守。刀布走到桥上，两个杀手用火枪对准了他，点火，点不着，枪没有响。杀手只好从蹲守的地方窜出来，迎上去说：“宗本！辛苦了（嘎立拉莫）!”趁刀布不注意，一把把他推下藤索桥！刀布在河里使劲挣扎，沉下去，又浮上来，浮上来，又沉下去。杀手们搬来一块块石头，往他身上砸，把他活活砸死了。最后捞出他的尸体，绑在树上，画上靶心，用枪打了一通，才返回东布，向聂巴朗结交差去了。

聂巴朗结杀了刀布，又派出12名打手，赶到霍纳村，查封刀布的财产，洗劫了他的家。刀布原本住月儿东村，后来搬到霍纳村，他的木楼比别人家要高大阔绰。打手们闯进刀布的木楼，像豺狼闯入羊群，一个个兽性大发，轮奸了刀布的妻子噶玛勒宗，抢劫了他的财产，火烧了他的房子。刀布还有4个妻子，一个叫白玛曲珍，一个叫噶玛曲珍，一个叫央金，一个叫贵桑，都被聂巴朗结的狗腿子们霸占了。可怜赫赫有名、风光半世的墨脱宗宗本刀布，只落得家破人亡的悲惨结局。

刀布被杀时，他的儿子乌坚次旺正在附近山上打猎。月儿东村的罗布次仁跑到山上向他报告凶信，乌坚次旺听说父亲被杀，房子被烧，气疯了，拿着猎枪便要跑回村子，打算和聂巴朗结的打手们拼了。罗布次仁死死抱住他的腿，哭着说："你一人一枪，怎么能对付人多势众的波密兵。酥油碰石头，酥油吃亏；石头碰酥油，还是酥油吃亏，你赶紧逃命吧！要不，你这条小命也保不住了！"

乌坚次旺先逃到工布，又从工布到了拉萨，找到了西藏地方政府派驻墨脱的僧官日杂堪钦，哭诉了父亲刀布惨死的经过。日杂堪钦把这件事报告了噶厦，噶厦决定惩治聂巴朗结，警告一下波密土王。不久，聂巴朗结接到噶厦的公文，通知他到拉萨商量公务。聂巴朗结想了又想，还是带着妻子噶玛拉吉和7个随从出发了。噶玛拉吉是个工布女子，美貌而娇贵，自从嫁给聂巴朗结，出门双脚从来没有挨过地面，北到波密，西到工布，从这个村到那个村，这个寨到那个寨，全由墨脱的老百姓背着走，被称为"脚不挨地的女人"。

聂巴朗结一行从工布赶到拉萨城，聂巴朗结已有不祥的预感，他对随从们说："拉萨是你们的圣城，拉萨是我的葬场。"他在拉萨安顿停当，便到噶厦衙门报到。警卫不准随从进门，只让聂巴朗结一个人进去。聂巴朗结走进公堂，公堂空无一人，只见刀布的儿子乌坚次旺从里边走出，一阵乱枪把他打死了。乌坚次旺为父报仇的举动，在拉萨，在墨脱，一时传为美谈。乌坚次旺没有在拉萨停留，也不敢再回墨脱老家，只身跑到不丹投靠亲友去了。

聂巴朗结死后，他年轻貌美、酥油一样娇嫩的妻子噶玛拉吉，与他的随从门巴旦达同居。后来噶厦派了一个叫顿甲的官员来，顿甲与旦达争夺噶玛拉吉，双方发生火拼，最后旦达被打死，噶玛拉吉又成了顿甲的妻子。

唉！我们墨脱白玛衮，虽说是神佛加持的莲花圣土，可是几百年来打打杀杀从来没有消停过，不是你打我，就是我杀你，冤冤相报，没完没了。这不！波密王白玛策旺被杀后的第十六年，宗本刀布被杀后的第十三年，噶厦和波密土王的军队又展开了一场厮杀，波密军队先胜后败，打死了藏兵团长达兰代本，波密王次次兵败逃奔，通过墨脱逃到印度的萨地亚地区去了，有人说他被手下人杀死了，有人说他得热病身亡了！这样，墨脱这只好果子，便落到噶厦手里了。噶厦把墨脱封给了拉萨色拉寺，色拉寺定期派出大喇嘛，出任墨脱宗宗本。

## 悲情雅鲁藏布江大拐弯

第二天，8 月 9 日清晨，我们告别梅日寨，告别钦多吉老人，朝北部深山老林中的卡布珞巴寨进发。

昨天夜里，听钦多吉老人和益西平措先生讲古，入睡时已经深夜 12 点过了。躺在老人家木楼的竹席上，很快就面临无法对付的局面，受尽种种难以忍受的煎熬。先是楼下的巴敏牛和猪，不停地叫唤、折腾和吵闹，一股股热烘烘的猪粪和牛粪气味冲上来，直刺我的鼻子，熏得我头昏脑胀。接着无数只老鼠在房梁上吱吱叫唤，来回奔跑，灰尘像下雨一般，不断地落在我的头上、身上和脸上。更为可怕的是，一群群肉眼看不见的蚊子，一拨接着一拨地发动攻击，在我的脸上、脖子上、手上、前胸后背都被叮咬了，我不停地扑打、翻腾，穷于应付，苦不堪言。钦多吉老人看我实在太难受，便在我的身边煨烧一盆玉米芯子，蚊子的攻势倒是减弱了，可阵阵烟雾和腾腾热浪，呛得我咳嗽不止，汗流浃背，把竹席浸泡得跟水洗一般。白天被马蜂螫伤的手背，又一次红肿起来，痛得我辗转反侧，通宵无法入眠。

离开梅日寨，三个人在崎岖不平的江岸上艰难行进。这里是雅鲁藏布江大拐弯的右侧，浩瀚的江水在我们的脚下奔腾叫啸。道路上乱石横陈，荆棘遍野，杂草齐胸。亚热带的阳光，晒得我们无法躲避；曾经给我们造成极大困扰的旱蚂蟥，又卷土重来。我们不得不走走停停，清除叮在身上的一条又一条蚂蟥。昨夜无眠，睡魔不断侵袭，脚像海绵般发软，眼皮像胶水一般发黏。突然，双脚不知绊了什么东西，身体一个趔趄，手中竹棍折断。我一头栽下了陡峭的崖坡，顺着陡坡往下滚往下滚，心想："完了！完了！这下要滚到雅鲁藏布江里喂鱼了！这条命要水葬在墨脱了！"眼看要滚落江中，身子却被一株老树挡住，一下化险为夷，仿佛冥冥中有一双手，把我从死亡的边缘挽救过来。

我躺在雅鲁藏布江边，慵困万状，四肢无力，抬头望去，蓝天如洗，白云悠悠，身畔江水奔腾不息，远处南迦巴瓦雪峰，高坐云山之巅，仿佛超然世外的仙人，对我的痛苦根本无动于衷！此时此际，我百感交集，如潮思绪，涌上心头。我想现在已是 20 世纪 80 年代了，改革开放都已经第四个年头。一度被轻视、受压制的文化人，社会地位、生活状况都有了巨大的变化，我的同学、我的朋友，他们或者在大学讲堂里慷慨陈词，或者在报刊和出版物上欣然走笔，享受无尽的赞誉和尊荣。而我，只有我，既非别人指派，也非组织安排，却心甘情愿地在这些险山恶水、绝域边塞之间劳苦奔波，在人世间罕见的恶劣环境中历尽艰辛，一点一滴、一笔一画地寻觅被世人忘却的往事，采录古化石般的神话、史诗和古老歌谣。我的生活到底值不值？为人到底傻不傻？想到这里，泪水夺眶而出，胸臆间渗出一缕悲情，些许落寞。

走在前面的次旦多吉和益西平措回头见我没有跟上，立刻有一种不祥之感，两人一路找回来，发现我竟然掉落在雅鲁藏布江边，一阵阵惊涛骇浪就在我身旁翻滚，吓得他们张大了嘴巴，慌不择路地下到我的身边，口里“哎啧啧”“啊卡卡”地念个不停，这是藏族人内心惊叹和伤痛的表示。为了安慰他们，我苦笑着说：“昨晚没睡好，在这里躺一躺。”次旦多吉没有心思理会我的玩笑，用非常严肃的口气说：“廖老师！这也太危险了！如果再往前滚落一点点，你就彻底报销了，我回去怎么向领导、向同志们交代呀？”他们费了九牛二虎之力，帮助我从陡坡爬上来。检查了一下，虽然跌破了一些皮肉，骨头却没有受伤。益西平措拿出腰刀，砍下一根很结实的木棍，我拄着木棍，一瘸一拐慢慢地走着，大约走了1个小时，迎面看到一座林木葱茏的大山，山下有几间木屋。益西平措说：“这是波密通向墨脱公路的终结处。10年前公路修到这里，没有再往前修了，那时工地上集中了好几百个民工，又是伐木，又是开山，又是放炮，处处红旗招展，热火朝天。不过墨脱地质条件实在太糟糕，地震、坍方、泥石流不断，公路修一段，垮一段，还死了不少人。上级领导没有办法，只好宣布停工。这两间小房子，叫做‘波墨公路留守处’。其实，已经没有什么东西可留守了，只有等待下一回再开工了。您看，路上的树，已经长成森林了。”

说话间，一个小伙子从木屋里迎出来，益西平措赶紧介绍：“这是县参事室白嘎副主任的公子，名叫乌坚扎西，公路留守处的管事。”我赶紧说：“白嘎副主任我见过。前不久参观团出来，我在派村转运站采访过他。你阿爸记忆力惊人，口才也特别的好！”乌坚扎西听说我认识他的父亲，更加热情了。说：“老师，你们上卡布考察的事，县里已经来了通知，我专门上了卡布，告诉了支部书记布多，他已做了安排，还要派人下山接你们哩！”我问：“卡布寨还有多远？”小伙子指着树冠重叠、白云缭绕的山顶，说：“不远，不远，就在这座山上，爬两三个小时便到了！”我一听吓得够呛，不由地伸了伸舌头，心想：我的妈呀，赶了一天的路，已经够惨的了，还要爬这么高的一座山，不是要我的命吗？

益西平措走到小伙子身旁，用门巴话低声细语了几句，似乎是安排我们的吃饭和休息，小伙子连声答应。他打了一壶酥油茶，又拿出一些玉米饼，请我们吃喝，然后把我带到屋后一处安静而凉爽的檐廊，让我躺在竹床上好好休息。在习习的清风中，我美美地睡了一觉。醒来时，伤痛有所缓解，体力有所恢复，红日已经西斜了。

## 卡布山寨的节日

下午三四点钟，山上下来两个珞巴族小姑娘，约莫十三四岁，一个叫次即（初一），是布多书记的女儿，另一个是她的表姐。两个姑娘都很机灵，个子不高，力气不小。把我们的行李，差不多全部装进了她们的背筐。小姑娘领着我们，一头钻进深山密林，不停地在山坡上穿行，山间好像到处都是路，又好像根本没有路，七弯八拐，迂回曲折，还要绕过暗箭区、猎鼠区，万一碰上，后果不堪设想。山间不少地方巨木枯根之上，长满了黄蘑菇、白蘑菇、黑木耳，只是我们不敢随意采摘。

我们用尽吃奶的力气，终于爬上最后一道山口，山口那边的情形，让我们眼睛一亮，惊喜万分。只见薄暮黄昏中，人群涌动，笑语喧哗，孩子们在呼喊，猎狗在欢叫。原来，整个卡布寨的男女老幼，全体出动来欢迎我们。走在最前面的，是一个高大壮实的中年汉子，他就是卡布的支部书记布多。他紧紧抓住我的双手说："欢迎！欢迎！欢迎从拉萨远道而来的客人！听说你们光临我们卡布来采风，大家像迎年一样高兴，像迎节一样欢腾！"全寨的老老小小一齐围了过来，用珞巴话、门巴话、藏话热情问候，又是拉手，又是贴脸，表达欢迎之情，簇拥着我们朝寨子走去。我心里忽然一热，感动的泪水夺眶而出。一路上经历的千辛万苦，马蜂螫，蚂蟥叮，跌落悬崖的痛苦以及种种抱怨，早已抛在九霄云外去了。

玫瑰色的晚霞，掩映着这座珞巴人聚居的美妙村寨，蜿蜒起伏的山峦，如一双巨大的手臂，拥抱着一片平坦宽阔、生机勃勃的高山盆地，盆地上木楼竹屋，高低错落，炊烟袅袅，生机盎然；稻田旱地，鳞次栉比，翠绿金黄，长势喜人。村寨周围是座座果园、丛丛竹林、青青草地，更有条条溪涧穿插其间，流水叮咚有声，如同一曲曲悠扬悦耳的奏鸣曲。我仿佛又在绝塞殊方之外，再一次看到人间仙境、世外桃源，真是人外有人，天外有天啊！

在卡布寨，住进阿爸嘎钦家的木楼，木楼比较高大、整洁。听说我们要来，全家人忙乎了大半天，把上上下下打扫得干干净净。刚刚安顿完毕，木楼里又涌进许多村民，他们是各家各户派来的代表，请我们去喝蔓加酒，为我们接风洗尘。这家说这家先去，那家说那家准备好了，你争我夺，闹得不可开交。有一户人家，正在举行婚礼，新娘次仁领着她的两个丈夫（他们是兄弟俩），带着喜酒来了，请我们祝福他们的结合，盛情难却，我们喝了点喜酒，衷心祝福他们。最后经过益西平措协调，说好晚上先去德新措姆家，然后轮流到各家各户喝酒。

德新措姆是一位珞巴女子，二十四五岁。个子高高的，性情豁达，走进她家的木楼，便听到她银铃般脆亮的笑声。她是卡布村的文书和会计。在她很小的时候，便立志学习文化，每天走几十里山路，到附近的达木上夜校，成了当地第一个有文化的珞巴女子，结束了珞巴妇女世世代代一字不识的传统。她在生产上也有作为，她试种的水田，稻谷单产达到1000斤，还培育了竹林，移植了香蕉、柠檬，在村寨里颇有威望。她父亲两兄弟，娶了她妈妈两姐妹。父亲已经过世，留下叔叔和妈妈、姨妈一起生活。她有一个弟弟，名叫才结，皮肤白净，头发卷曲，是个招人喜爱的年轻人。

德新措姆全家已经把酒准备妥当，分头装进一个个竹筒，有蔓加酒、玉米酒，还有米酒，整整齐齐摆在走廊两旁。邻近的几户人家，等不及挨家挨户排队，干脆背着、抱着酒筒、酒壶来了，决心今晚就在德新措姆家一起欢聚，大家痛饮一番。支部书记布多是酒宴当之无愧的主持人，说了这样一段开场白："我们卡布寨，住着珞、门、藏三个民族，主要是珞巴族，也有门巴和藏族，有的家庭，丈夫是珞巴人，妻子是门巴人；有的家庭，老公是藏族人，老婆是珞巴人，总之，不管珞巴人、门巴人，还是藏族人，大家团结友爱，像一个大家庭，和和睦睦，快快乐乐，过着社会主义新生活。今天，我们汇聚在德新措姆家的木楼上，欢迎远道而来、考察我们珞巴文化的客人。按照我们村寨的习俗，有客必有酒，有酒必有歌。”于是，布多高举酒盏，唱了一支酒歌：

好酒你喝我也喝，
好歌你唱我也唱，
好故事你讲我也讲，
好日子你过我也过，
好朋友你来我也往，
请大家干了见面酒！

书记布多唱完，大家把酒喝干，下面轮到作为客方的我们唱酒歌，我苦于嗓子不好，次旦多吉倒是能唱，可是只会唱藏族酒歌，这时益西平措先生当仁不让，代替我们大显身手，唱了一曲门巴族的“萨玛”酒歌：

这地方你若不知道，
就是著名的卡布寨；
这些人你若不熟悉，
就是勇敢的珞巴人；

老师们来自遥远的拉萨城，
千山万水来到卡布村，
卡布的人，慷慨的人
给客人奉献美酒，
更有比美酒还珍贵的歌声！

作为酒宴主人的德新措姆，给我们斟满绿莹莹的酒，用清脆的嗓音唱道：

高高的天空三相逢，
一是光芒四射的太阳，
二是又白又圆的月亮，
三是闪闪发光的星星；
莲花的大地有三相逢，
一是从拉萨来的贵宾，
二是县里来的益西主任，
三是卡布寨的各位乡亲。
有缘的人儿汇聚了，
醇香的美酒酿成了，
人欢聚，酒甜香，
正是开怀畅饮的好时光。

德新措姆唱过了酒歌，敬过酒，向大家发出了敬酒的信号。在座的每一个人，一个个都唱起酒歌，都来敬酒，随着酒碗的轮转，酒歌的起落，酒宴渐渐进入高潮。在这种场合下，一是卡布乡亲们盛情难却，二是我想通过饮酒结识卡布的人。凡是送到我面前的酒，不管是蔓加酒、包谷酒，还是米酒，我都努力喝上一些，好在这些都是低度酒，味道甜润，清凉爽口，乡亲们看我是个汉族，表示宽容，没有采取强制灌酒的行动，直到夜半更深，我们才走出德新措姆的木楼。这时夜空如洗，星月交辉，村寨四周的山水林田，沉浸在如银的月色里，美丽而幽静，我们如同置身远离尘世的童话世界。

第二天，天刚蒙蒙亮，我翻身起床，到木楼下面跑步，拉开门，发现木楼的晒台上、楼梯上，摆着一长溜竹盒，整整齐齐，形形色色，里面盛着红辣椒、黄蘑菇、青豆角，还有凉瓜、青菜、桃子、香蕉等蔬菜水果。我看了很是奇怪，不知村民摆这么些竹盒干什么？不由得大声惊呼，叫出房东阿爸和益西平措先生，他们见怪不怪，说："墨脱有个传统风俗，寨子里只要来了客人，各家各户照例要送些食品表示欢迎，你们是拉萨来的贵客，大家当然更热情了。"这下把我真的难坏了，心想：村民们生活并不富裕，不能让他们白送这么些东西，问题是根本闹不清楚是哪些人家送的，想付点菜金都成了问题。益西平措先生说："这好办，我们把果菜收了，按质计价在竹盒里放一些钱，等我们出门以后，村民照例会来取走竹盒的。"

## 美酒和毒酒

自从我们进驻卡布村，每天晚上各家各户轮流来请我们喝酒，一次两次，三次四次，渐渐地，喝酒成了我沉重的负担，我没有饮酒的爱好，也很少从中感受到特别的乐趣，为了尽快接近卡布村的村民，为了能更多地采录珞巴族神话、故事和民俗，只好勉为其难，不停地饮酒干杯，有时弄得头昏脑涨，晕晕乎乎。往往这个时候，我便想起离开拉萨前，次旺俊美先生的提醒，“要提防酒里放毒啊！”特别看到某个敬酒的人，长长的指甲浸泡在酒里，更有些心惊胆战，胡乱猜疑。

有一次，在和房东噶钦阿爸闲聊时，我趁机问道：“爸啦，听说墨脱某些地方，还保留酒里投毒的陋俗，是真的吗?”老人说：“有是有，不过比旧社会少多了。再说我们卡布寨的人，要么是好多代的老住户，要么是几十年的老邻居，大家知根知底，酒里投毒的事情，近年来一桩也没有发生过。”噶钦老人一说，我立刻觉得自己的失态，内心非常愧疚，我不应该刚喝过别人的酒，就提出酒里投毒的问题，似乎是对人不相信，有点不合时宜。不过噶钦老人并不在意，给我讲了一通酒中投毒的往事。

## 酒里投毒的习俗

噶钦

我们墨脱许多地方，过去有酒里投毒的习俗。前些年集中进行了打击，好像销声匿迹了。这两年宗教迷信抬头，在一些村寨里又冒了出来。酒里投毒的原因，一是谋财害命，二是报仇雪恨。有的人并不是贪财，也不是报仇，而是受一种巫术和迷信的影响。认为毒死有钱的人，自家会发财；毒死身强体壮的人，自家会长寿；毒死有福气的人，自家会多福。这种习俗又叫“抢福”。酒里投毒的人家，是从老祖宗开始，一代一代传下来的。

父传子，母传女，世世代代无穷尽。据说，有的人投毒，并不是他的个人行为，而是受鬼神支配，受魔幻驱使。这些投毒的人家，被当地人称为“毒玛”。进了陌生的村寨，找可靠的人一打听，他们会偷偷告诉你，村里谁是“毒玛”，有的放毒之家，还有某种标志。所以过去的年代，有的人到喜马拉雅山区经商办事，总要带银勺子、银筷子，或者银戒指，用它们测试测试，如果银器变黑，酒里有毒无疑，很快便能识别。

在墨脱，有9种东西能制成毒品，最常见的是称为“遵毒”的雪山一枝蒿，还有称为“戈毕”的毒果。毒户把它们采摘下来，晾干或者晒干，用手磨磨成粉末。磨毒的人，必须待在风的上首，以免磨出的粉末，吸入自己的口鼻，毒粉还没有使用，自己倒先中毒了。为了测试毒粉的毒性，制毒人往往逮一只公鸡，在它的脚上划一刀，敷一点毒粉，往天上一扔，扔上去时，还欢蹦乱叫，落下来时，像一块石头，无声无息，证明毒性已经到火候了。有的人，还把蛇的毒汁滴入臭鸡蛋，窖入粪堆，使之发酵，那就更厉害了。斟酒的时候，投毒人把毒粉，藏在自己长长的手指甲里，手指甲浸泡酒中，毒粉自然便溶入酒中了。再说，不光是投毒户制毒，猎人也制毒，把毒粉涂抹在箭镞上，装上弩尖，能够更快地射死猛兽。

也有弄错的时候，墨脱天气十分炎热，食物容易腐烂，有的人在别人家吃了腐烂的食物、变质的肉，喝了大量的酒，结果食物中毒，回到家病了，甚至死了。消息一下子传遍四方。请人喝酒吃肉的人家，很容易被乡民看成“毒玛”，看成投毒户。全村全寨的人，都冷落他们，疏远他们，再也不跟他们交往，甚至把他们赶出村寨，让他们流离失所，无处安身。其实，这也是冤假错案，不过在那时候，没有人调查甄别，替他们平反昭雪罢了。

噶钦老人又说："最早，墨脱人不会采毒，不会制毒，更不知道怎样制造毒弩、毒箭、毒药，墨脱人找毒，制毒，都是从森林中的鬼物折波那里学来的。"于是，他又讲了这样一个神话式的故事。

## 毒箭的来历

噶钦

古时候，我们珞巴人靠打猎过日子。那时候打猎很简单，野牛、野羊、野鹿、香獐，跟牧场上的牧畜一样，漫山遍野到处都是，肚子饿了，嘴馋了，可以随便抓，随便逮，可以用石头砸，用棒子打，总之打猎不算什么事。这样过了一年又一年，野兽渐渐地少了，也变得越来越狡猾了。人们爬高山，钻密林，跑过一个个荒原，累得精疲力竭，但很少遇到野兽，遇到野兽，也很难打到手。一年到头吃不到肉，都快馋死了。

有一个猎人，身体数他最强壮，胆子数他最大，也打不到野物，常常两手空空地回到家，觉得窝囊透了。有一次，在打猎路上，他看到一只叫做"折波"的森林鬼，坐在一块青石板上，美滋滋地啃着野猪和野羊的肉，吃了一块，又吃一块，骨头都堆成小山那么高了。猎人一看，肺都气炸了。心想，我们打不到野兽，原来猎物通通被你这个山鬼吃掉了，他从山崖跳下去，抱住山鬼"折波"摔打起来，山鬼力气大，猎人力量也大；山鬼凶猛，猎人更凶猛。他们在坡地上滚过去，滚过来，一会儿山鬼把猎人压在下面，一会儿猎人把山鬼压在下面，最后山鬼“折波”被彻底打败了。猎人拔出匕首，要把它的头割下来。山鬼竖起大拇指，请求猎人饶命。猎人说：“我们忍饥挨饿，你小子大吃大喝，把山林的野兽都吃光了，不杀你不行！”山鬼“折波”说：“只要你留下我一条命，我会送给你一块毒芋地，也会告诉你打猎的秘密。”猎人饶了山鬼。山鬼“折波”带着他，翻过一座山，两座山，走到第三座山的下面，“折波”指着一片开兰花的毒芋地，说：“这片地归你了！”猎人说：“这片地对我有什么用？我还是打不到野兽，还是吃不到肉！”说完，又要跟“折波”摔跤，“折波”连忙说：“好汉！不要急！不要恼！我来教你！你用一片竹子，弯成一张弓，再用一根竹棍，削成一支箭，在箭尖上涂抹一些毒芋粉粉，你就能打到野兽，就能吃到肉了。”

猎人按照山鬼“折波”教的办法，果然能打到野兽了。原来这些毒芋是雪山一枝蒿，有很强的毒性，抹在箭上箭变成了毒箭，抹在弩上弩变成毒弩，只要射中野兽，便能置于死地，无法逃脱！从此，墨脱人打猎，总是能打到各种各样的猎物，他们的石头锅里，又飘出美味的肉香了。

## 拜谒珞巴故事大王恩布老人

一天早饭后，我们出门去拜访卡布村最优秀的猎手、珞巴族故事大王恩布老人，请他给我们讲珞巴族神话传说，介绍卡布的打猎习俗。临行前，阿爸噶钦叮嘱说：“恩布是我的亲哥哥，他的脾气性情我最清楚。他为人有点古怪，说话过于耿直，要是对你们有什么冲撞的他方，老师们千万不要放在心上。”

恩布老人的家，离阿爸噶钦家的木楼不远，竹影婆娑，阴凉一片。走进他的院落，老人正斜躺在木板床上，搂抱着一个光身子的小孩，听到我们来，既不打招呼，也不欠身坐起，连眼皮也懒得抬一抬，似乎已经进入了梦乡。而我们呢，有点像谒见入定的高僧、参拜坐禅的活佛，在他的床前站了几分钟，见他表情木讷，神情冷漠，没有什么反应，只好递了一个眼色，准备退出去。正在此时，老人挪动了一下身子，轻轻咳嗽了一声，微微睁开了眼睛。我们如闻佛音，赶紧转过身去。我用藏话一字一句地提出，请老人给我们讲故事。尽管我们知道恩布老人会藏话，益西平措还是用珞巴话做了翻译，以示郑重。老人又没有什么表示了，好像还在闭目养神，又像在默默思索。正在我们犹豫、为难之际，老人慢慢坐起，走下床来，只见他骨瘦如柴，皮肤黢黑，一双小眼睛炯炯有神，盯着每个人看了几秒钟，看到益西平措，表情略显谦卑，也许是他们相识多年，益西平措又是一位长者的缘故吧。然后，他一字一顿地说："老师们要来听故事、记故事，县里通知了，我也答应了。这些都是珞巴老祖宗传下来的老故事，寨子里老幼皆知的旧东西，我肚子里有多少，给你们讲多少。不过，有些话要说在前面，请各位不要见怪。第一，我还有些事情要忙，譬如弄弄菜地，转转猎场，看看装下的弩箭，不一定每天都能讲；第二，这些故事我讲也讲了，你们记也记了，不要到将来什么时候，有个风吹草动，又说我讲的是'四旧'，是'放毒'，是搞封建迷信，害得我受批判，挨批斗！"恩布老人这么一说，我们连声答应。

老人把要说的话说明了，我们之间的关系也近乎了，大家你一句，我一句，都离不开珞巴故事传说，我趁机说："我有个同事，名叫米米老冀，在卡布村待过好长时间，他说跟您非常熟悉，特意让我向您问好！”提起老冀，恩布老人情绪活跃了，话也多了起来，回忆起30年前解放军先遣组在卡布的一些往事，他说：“我和米米老冀是老朋友，好朋友，他教我种水稻，我给他讲故事。老师你回到拉萨，一定给他捎个信，在我离开人世之前，请他无论如何到墨脱来一趟，老朋友最后见一次面。”

闲聊时，恩布老人说：“在老一辈珞巴人心目中，我讲的故事并不是什么故事，而是珞巴民族的起源和历史，是做人的规范，是生产、生活的教科书。老一辈把这些传给我们，我有责任传给下一代。在各种节日里，在集体围猎的空隙，在冬日的休闲时光，便是讲故事、传知识的时候。老一辈的卡布人里，以纽布爷爷会的故事最多，讲的最好，我的许多故事，都是从纽布爷爷那里听来的。很可惜，就在前年（1980），他83岁高龄时去世了。”

从这一天开始，恩布老人每天给我们讲故事，有时候一天讲一个，有时候一天讲两三个。他的声音低沉，有一种磁性，一种共鸣，珞巴话我听不懂，但觉得很好听，很有意思，有一种原始美、音乐美、粗犷美，故事里象声词特别多，从中我们可以听到动物的语言，鸟兽的鸣叫，通俗流畅，铿锵有力。老人用珞巴话讲完，再由益西平措翻译成藏语。我非常佩服益西平措的语言才能和翻译本领，不管恩布老人讲的时间有多长，人物有多复杂，情节有多生动，他差不多都能准确无误、绘声绘色地翻译出来。恩布老人有时侧耳细听益西平措的藏语，不断点头微笑，表示赞许。我想，这次我们采风成功，一半应该归功于益西平措先生。

次旦多吉一边录音，一边记下藏文；我要在脑子里，把藏语转译成汉语，以最快的速度书写在本子上。采风的劳动是紧张的、辛苦的，必须精力集中，心无旁骛；它也是新鲜的、快乐的，是一种难得的艺术享受。它让我回想起1979年在拉萨和日喀则记录益西丹增老人、尼玛彭多老阿妈讲的故事。益西丹增故事里的人物，大都是王子公主、神仙活佛，尼玛彭多讲的，大都是普通藏族人生产生活、悲欢离合的命运。然而，今天，在远离拉萨的珞巴族村寨，在喜马拉雅山的深山老林里，一个名叫恩布的老猎人讲的故事，却又是别开生面，另有洞天，故事的主人公，是猎人、猎狗和猎神，是森林里的飞禽走兽，是雪山边寨的奇人怪事，是原始部落山民意念中的鬼怪神灵。它把我引进原始森林，引进猎人和野兽的天地，引进珞巴族魔幻的世界。它们是故事，是传说，是神话，更是森林里的童话。恩布老人讲累了，或者有什么事情要去处理，我们便请同村的旺扎大哥、噶钦阿爸讲述。

下面，我想把恩布老人和其他几位故事家讲的一些珞巴神话、传说，奉献给对墨脱、对珞巴人、对珞巴民间文化有兴趣的读者。

### （一） 猎人的始祖阿奔岗日

珞巴族是个狩猎的民族，盛行自然崇拜、动物崇拜和祖先崇拜，每次出猎，都要祭祀猎祖和猎神。喜马拉雅山区的米林珞巴、隆子珞巴以及墨脱珞巴，都说珞巴人打猎的祖师是阿奔岗日。恩布老人给我们讲的第一个故事，便是猎祖阿奔岗日的故事。

# 猎祖阿奔岗日的故事

恩布

阿奔岗日是珞巴族的第一个猎人，是猎人的始祖。珞巴人原来没有弓，是阿奔岗日发明了弓；珞巴人原来没有箭，是阿奔岗日制造了箭。

阿奔岗日有两条勇猛的猎狗，母狗叫果布，公狗叫达布。一旦发现野兽，阿奔岗日便这样呼唤：

果布拉夏夏！（果布快跑呀！）

达布拉夏夏！（达布快跑呀！）

猎人和猎狗配合默契，最凶猛、最狡猾的野兽也无处逃生。

有一天，阿奔岗日上了山，遇到一头大野猪，个头有牦牛那么大，獠牙有烟管长。猎狗果布和达布挡住路，阿奔岗日用毒箭射，把野猪射死了。野猪个头太大，他一个人没法背，便在山顶上煨烧松烟，通知村里人上山背肉。村里人上了山，把野猪的肉肢解，分头背上，最后剩下野猪的头，谁也背不动，谁也不敢背。阿奔岗日自告奋勇，用一根“久塔”树皮绳，把野猪头背在背上，迈步的时候，他颠了三颠，没想到皮绳断裂，猪头下落，獠牙划开他的腿肚子，鲜血像小溪水一般涌了出来，把山林和坡谷都染红了，阿奔岗日倒下了，阿奔岗日死了。

村民们没有办法，只好挖了一个大坑，把他埋在坑里，上面搭一个凉棚，替他遮风挡雨。

阿奔岗日有两个妻子，一个叫久罗，一个叫冬古罗。听说丈夫死了，心里一急，便丧了命，变成两只羽毛美丽的鸟，一个叫“久罗”“久罗”；另一只叫“冬古罗”。两只鸟儿一边飞，一边叫，一直飞进了地狱，找到阎王，她们要找回阿奔岗日的灵魂。阎王从来没有见过这么美丽的鸟，伸手去逮，没逮着；让小鬼去逮，也没逮着。

阎王着急，连声大叫：“阿奔岗日！阿奔岗日！快来把这两只该死的鸟杀了！”阿奔岗日的灵魂应声还魂，认出了自己的妻子，用箭射了三次，箭从羽毛下面穿过。鸟儿飞出地狱，阿奔岗日追出地狱。他的两个妻子复活了，阿奔岗日也复活了。

阿奔岗日和他的妻子结伴往家走。走着走着，岗日忽然想起，坟场里有个石枕，忘了拿回家。妻子说：“我们替你去拿。”岗日说：“女人拿了不吉利，还是我自己去！”他跑到坟场，钻进棺材，没想到一根尖利的树刺，扎进他的眉心，把阿奔岗日扎死了，他变成一头野猪，一头牦牛大的野猪。

他的妻子很生气，心想：“我们舍出性命，把你从地狱救出。在你的心里，我们还不如坟坑里的一块石头。那好吧！那等着瞧吧！”两个女人拿起弓箭，召唤果布和达布，跟在后面紧紧追赶！野猪无路可逃，陷进一个大沼泽，淹死了。两个妻子用尽全身力量，没法把它捞出来，只好哭着回去了。

大森林里的鸟兽昆虫，争先恐后地跑到沼泽边，想把野猪的尸体捞出来。这个出这个主意，那个想那个办法，捞了一天又一天，都是白费力气。最后还是啄木鸟桑阿仁达想出了个主意，它把藤条啄得细细的、长长的，装进巴加嘎纳（蜘蛛）的肚子里，蜘蛛把它织成丝，结成网，拉到野猪身上。所有的鸟兽昆虫一齐用力，总算把野猪从沼泽里捞出来了。

参加打捞野猪的鸟兽昆虫，按各自出力的多少，瓜分野猪的肉。嘎拉宾嘎（松鸡）东挑挑，西捡捡，大伙儿不高兴了，说：

“你不想吃，干脆再也不要沾荤了。”果然从那以后，松鸡只吃野果、草根，再也不吃荤腥。黑熊赶到的时候，猪肉全都分完了，它很难过，众鸟兽你凑一点，我凑一点，凑成一个肉饼，黑熊抱在胸前，往山上跑。所以黑熊便有了白胸脯。康康鸟住在高山顶上，最后一个来到沼泽边，什么都没有了，它找呀，找呀，只找到一个肉蛋蛋，它把肉蛋蛋当成宝贝。叼到村寨，怕村民看到；叼进树林，怕树木干枯，最后叼上高山，藏进石头缝里。

过了一些日子，康康鸟跑去一看，肉蛋蛋孵出一只叫巴尔比（知了）的虫。巴尔比昂着头，张着翅，“具！具！具！”地叫了三声。它这一叫，可不得了啦！所有的虫鸟都哑了音，泉水干涸，草木干枯，树叶飘落，山山水水一片肃杀，深秋已经来临。巴尔比从高山叫到平川，从平川叫到江边，最后淹死在雅鲁藏布江，尸体被波浪卷到南方门达结莫地方。门达结莫的人，怕巴尔比虫给他们带来灾难，便对黄鸭说：你的妈妈死了，快把它的尸体背回北方它的家乡去吧！黄鸭背着巴尔比虫的尸体，飞过高山，飞过平川，飞到北方有雪的地方。于是，积雪融化，草木萌发，泉水重新流淌，虫鸟重新歌唱，高原上的春天又来到了。

听完这个故事，心里总是有些嘀咕，似乎有些地方弄不明白。为什么珞巴第一个猎人，要死在自己猎杀的野猪手里？为什么猎人死后，要变成野猪？为什么猎人变成的野猪，又要被自己的妻子和猎狗追杀，最后淹死在森林湖沼？为什么森林里一切昆虫鸟兽，都来瓜分和吃食猎人变成的猎物？我想，猎人变猎物，猎物变猎人；猎人吃野兽，野兽吃猎人，这是珞巴民族原始的生命观、生存观、人兽观的某种体现，他们的理念，不能用当代人的思维强行代替。故事结尾，野猪身上的淋巴结，变成了蟋蟀(巴尔比)，随着巴尔比的鸣叫，季节变换，万物更替，可见大自然和野生动物之间的微妙关系。

有意思的是，到卡布采风一年之后，我和次旦多吉还有新从云南大学毕业的张学仁，结伴到米林县乃伊珞巴村，采录博嘎尔珞巴部落的古老神话，78 岁的达娘老人，给我们讲了阿奔岗日的故事，和卡布寨恩布老人讲的大同小异，却有更多的民俗和神话内容，特补载在后面作为印证。

## 阿奔岗日，珞巴猎人的祖先

米林达娘

最早最早的时候，珞巴人有嫡嫡亲亲的三兄弟，大地母亲有强强壮壮三儿男。他们是大哥阿奔岗日、二哥阿奔宾鸟、弟弟贝伊央力。

在这以前，珞巴人不会打猎，阿奔岗日是头一个打猎的人，他能够变化为鸢鹰追飞鸟，变化为老虎追野牛，变化为豺狼追兔子。珞巴人不会使用弓箭，阿奔岗日发明了弓箭。阿奔岗日做弓箭的本领，都是从森林里的鸟兽那里学来的。他看见夏阿力（短尾鼠）用牙齿啃竹子，便学到了砍竹子的方法；他看见桑旺仁达（啄木鸟）用嘴喙剖开竹子，便学会了剖竹子的方法；他看见底底巴利（野山鸡）吃下了雪山一枝蒿，拉出来的粪便变成毒，便学会了制毒的方法。他看见小鸟基江普尤用青藤编鸟窝，便学会了做箭筒；他看见小鸟皮格那门用茅草遮鸟巢，便学会了做箭筒盖。

打猎的季节到了，阿奔岗日和他的兄弟阿奔宾乌、贝伊央力带着猎狗得布、热布上了山。山上有两个洞，一个叫底底林布洞，一个叫底绕白将洞。阿奔岗日在洞里制毒箭、制毒弩。毒箭、毒弩制好了，摆在洞中央，拿一些白米，撒成三角形图案，中间放一块生姜，祭山神，祭猎神，阿奔岗日对着毒箭、毒弩高声念：

黑熊喝泉水的地方，你要守住；
黑熊吃浆果的地方，你要守住；
野羊喝盐水的地方，你要守住；
野牛打滚的地方，你要守住。

阿奔岗日把弩箭放在雪山垭口，放在泉水之旁，放在野兽经过的路上，放在结满浆果的大树下面，射杀了许多野猪、黑熊和羚牛，他在山上煨烧松烟，乡亲们成群结队上山背野兽肉。从此，珞巴人有兽肉吃了，有兽皮穿了。

一天，阿奔岗日射中一头野猪，野猪特别大，是森林中的野猪王，名叫冈冈热龙。冈冈热龙带箭逃奔，阿奔岗日招来勇猛的猎狗得布和热布，跟在后面紧追不舍。追到多雍阿雍湖边，猎狗挡住野猪的逃路，野猪身上毒箭的毒性发作，窜进一个山洞，死了。

阿奔岗日召唤山林里所有的鸟兽鱼虫，都来帮忙割肉、搬肉。达龙（蜘蛛）张开了丝网，阿邦达郎（螳螂）举起了大刀，桑旺仁达（啄木鸟）用嘴剔肉削骨，辛冬格林（松鼠）来回奔跑传递消息，最终把巨大的野猪肉解剖并且搬运出来。

分肉仪式由啄木鸟主持，它忙上忙下，头上溅了血，所以直到现在，啄木鸟头上还有些红点点；松鼠来回搬肉很积极，猪血沾在身上，至今松鼠胸前还有一些红块块。最后从野猪身上，找到了两个肉蛋蛋，一个献给野兽守护神顿青扬奔，顿青扬奔把它放在巴东林东巨石上，肉蛋蛋变成了知了。另一个献给山下的猎人守护神米谷麦得，米谷麦得问：“你是小青蛙吗？你是小鸟吗？你是小虫子吗？你是小鱼儿吗？你是小山鸡吗？”肉蛋蛋怎么也不回答。最后问：“你是顿青扬奔的小娃娃吗？”肉蛋蛋笑了。

野猪肉分完了，村民各自背了一背肉，打算下山回家。只有野猪头没人背，因为它实在太大了，谁也背不动。阿奔岗日没有办法，只好亲自背猪头。从此有了射猎人获得兽头的传统。山上没有藤条，没有皮绳，阿奔岗日便用马兰草，搓了一根草绳，把这个大野猪头背在背上，闪了三闪，踮了三踮，没想到草绳断裂，猪头滚落下来，半尺长的獠牙，划开了他的腿肚子，鲜血流出来，染红了山坡，染红了草木。阿奔岗日死了，阿奔岗日离开了人世。阿奔岗日死后，成了珞巴人的猎神，他的坟上长出一棵生姜树，一根竹子，一种名叫达比莫达罗的草。人们上山打猎的时候，必须供奉生姜和竹片，用草挽成圈圈，放在箭筒上，请巫师念咒，焚烧草圈，就能得到猎神阿奔岗日的帮助，猎取到各种野兽。

### （二） 猎狗成了猎人的守护神

在墨脱的珞巴村寨，在整个喜马拉雅山区，凡是靠打猎为生的人，无不重视、珍爱、亲近自己的猎狗，把它们当成兄弟和亲人，当成生死相依、患难与共的朋友。猎人打猎的时候，是猎狗帮助他们寻找、发现、撕咬、猎获野兽；猎人翻山过涧，遇到危难的时候，是猎狗给他们带路、报信儿和帮助；在遭受猛兽攻击的生死存亡关头，猎狗往往舍生忘死，以命相搏，付出自己的生命，救助自己的主人。

在林芝色齐拉山区，我有位最要好的朋友阿达龙丹，他是当地最有名的民间歌手，也是经验最丰富的猎人，他调教、训练过多条著名的猎狗。他说，林芝地区猎狗的名字，大体可分三类：一类以猎狗的价值命名，有的叫“西甲”，意思是值四百两藏银；有的叫“却甲”，意思是值六百两藏银；有的叫“杰甲”，值八百两藏银，在林芝地区，这个价值是最高的了。第二类以古代英雄的名字命名，有的叫丹玛，有的叫甲察，有的叫辛巴，这些都是格萨尔王帐下的大将。第三类名字用来形容猎狗的形象和表达对它的希望。有的叫劳丘（闪电），有的叫珠扎（雷声），有的叫恰国（鹞鹰），有的叫飞鸟，也有叫白头、花背、黑尾的。龙丹有一条狗，叫“细腰儿”，它自小失去母亲，是龙丹亲手把它养大的，成了一条最了不起的猎狗，敢于和一切最凶恶的猛兽抗争，最后它和一只巨大的熊同归于尽，阿达龙丹为此痛心疾首，差一点发下重誓，此生此世再也不打猎了。

在卡布寨，听恩布老人讲了一个猎人和猎狗的故事，后来，在达木寨，又听阿爸白珠讲过，这是一个人和动物之间感人至深的故事，最后猎狗成了猎人的守护神。

## 猎人和猎狗的故事

恩布白珠

古时候，大山里有一位猎人。猎人有一个妻子，还有一条猎狗。

妻子好吃懒做，狗忠实于主人。

有一天，妻子对猎人说：“地上的野兽肉我吃厌了，我想吃吃天上的野兽肉；有骨头的野兽肉我吃厌了，我想吃吃没骨头的野兽肉。”

“你疯了吗?”猎人说：“我是个最普通的猎人，怎么能打到天上的神兽?”

“那也好”，妻子说：“我走了！你跟猎狗一块儿过吧！反正你们谁也离不开谁！”

猎人没有办法，只好去找猎狗帮忙，说：“我的老婆，真的是疯了。她要吃天上的野兽肉哩！要不，她会离家出走的。”

“主人!”猎狗说：“天上有个神兽，名叫煞钦热乌拉①，它白天吞吃太阳，夜里吞吃月亮，全身都是眼睛，本事大得很！如果我把它从天上赶下来，不知主人你有没有胆量把它射杀!”

猎人说：“只要你把它撵下来，我就有本领射箭。”

说话间，猎狗从山下窜上山腰，从山腰窜到山顶，从山顶窜进了蓝天白云间。不一会儿，云间传出猎狗“勾乌”“勾乌”的吠叫，响彻整个天宇。一只怪兽脑袋像狮子，拖着一条长长的山火一般的尾巴，被猎狗从天上赶到了地下，从神界赶到了人间，它就是煞钦热乌拉。煞钦热乌拉大叫一声，在地上滚了三滚，森林里一切野兽都吓得发抖，猴子吓得从树上掉下来。猎人还没有来得及射箭，它已经窜回天上去了。

过了一些日子，猎人的妻子又说：“地上的野兽我吃厌了，你给我打只天上的神兽吃吃；有骨头的野兽实在没有味道，你给

① 煞钦热乌拉，天上的凶曜，民间称为天狗、天兽。

我打只没有骨头的天兽吃吃!”

“你疯了!”猎人生气地说,“你没有看见吗?天上的神兽我打过,打不到!”

“连只天兽都打不到,还算什么猎人?”妻子根本不管丈夫生气不生气,斩钉截铁地说:“我走了,你跟猎狗一块儿过吧!反正你们谁也离不开谁!”

猎人毫无办法,只好又去找猎狗帮忙。

“主人!”猎狗非常为难地说:“这回你再射不中天上的野兽,那我就死定了,我们俩再也见不了面了。”猎狗说着,流下了伤心的泪。

“好朋友,真的难为你了!”猎人也很难过,“这回只要你把天兽撵下来,我一定射,一定射!”

说罢,只见猎狗一声长啸,窜入天空。很快,云层里传来猎狗“勾乌”“勾乌”的吠声,一头巨大而凶猛的天兽,拖着长长的火焰一样的尾巴,被猎狗撵了下来。

猎人站在崖石后面,用尽全身的力气,射了一箭,没射中,又射了一箭,也没有射中,最后射出第三箭,射中了天兽的头颅。天兽煞钦热乌拉痛得要命,一下子变得狂躁起来。它在地上翻滚,越滚越大,越滚越大,变得山那么大,变得比山还大,身上几百只眼睛,通通喷射出火焰,它张开帐篷大的嘴巴,向猎人扑去,猎人吓昏了。刚好猎狗赶来,和天兽搏斗,被天兽一口吞进肚子里去了

猎人苏醒的时候,太阳还在,山河还在,只有猎狗不见了。

猎人心里好难过啊!他的肺气炸了,肠子悔断了。失去了猎狗,他失去了眼睛,失去了双手,失去了朋友,失去了亲人。打

猎，他找不到猎物，打不到野兽，他成了天底下最没本事的猎人。

他翻过一座高山，又一座高山，跨过一条急流，又一条急流，他一边寻找，一边呼喊：“猎狗，回来吧！回来吧，朋友！”他的嗓子喊哑了，眼睛望穿了，根本看不到猎狗的踪影。

最后，猎人回到了自己的木屋，每天每日，早早晚晚，他都站在门口呼唤：“猎狗，回来吧！回来吧，朋友！”

有一天，夜深人静，猎人忽然听见，猎狗“勾乌”“勾乌”的吠叫声。他好高兴啊！赶紧屋里找，屋外找，楼上找，楼下找，可怎么也找不到。正当他感到奇怪的时候，忽然听见火塘边上，猎狗在说话：“主人啊，我听见了你的呼唤，我听到了你的呼唤，天兽煞钦热乌拉，吃掉了我的皮肉，吞不掉我的灵魂，我的灵魂经历了千难万险，从天上回到了人间，回到了你的木屋，回到了你的身边，重新和你在一起，以后随时随地，只要你有需要，我都会给你帮助！”

从此，猎狗的魂便一直依附在猎人身旁，依附在火塘附近，成了猎人的灶神、家神和守护神。它给猎人指引道路，它带猎人淌过急流，它为猎人寻找兽迹，它帮猎人猎获大量野猪、黑熊和羚牛。猎人又有了眼睛，又有了双手，又成了真正的猎人。

恩布老人说，猎狗死后，它的灵魂变成了猎人的家神、灶神、火塘神和守护神。集体出猎的前一天，领猎人的火塘边，要举行一个祈祷祭祀仪式，煨烧果玛树叶和兼巴树叶，在灰烬上撒一些酥油和糌粑，唱起珞巴祭祀猎神的古歌，向灶神提出种种请求。这首古歌主要是召唤猎狗的灵魂回来，述说猎人和猎狗的亲密关系，以及请求猎狗帮助狩猎。当天夜里，领猎人要睡在火塘旁边，据说灶神会在火塘灰上留下种种预示，告诉出猎的时间、地点、方向，可以打到什么野兽。有一天，我们再三恳请恩布老人，请他专门演示了一次打猎请神的过程。老人说，这是苯教的宗教仪轨。

## 祈请灶神（猎神）的古歌

恩布

嗦

灶神回来，灶神回来呀！

请从八幅法轮般的天空回来，

请从八瓣莲花般的大地回来，

灶的主人女神卡雪玛*，

灶的主人女神俄雪玛*

灶的主人女神柳乌玛*，

灶的主人女神贝果玛*，

在一声一声地呼唤你回来呀！

灶神回来，灶神回来！

请从煞额登*的灶里回来，

请从煞米麻**的灶里回来，

请从国王和王后的灶里回来，

请从鸟王妻子的灶里回来，

* 卡雪玛、俄雪玛、柳乌玛、贝果玛：宁玛派和苯教的女神。

** 煞额登、煞米麻：天上的曜星，猛神。

请从波罗树的灶里回来，
请从蓝天鸢子的灶里回来呀！

请从那隆金刚圣地的灶里回来，
请从护法金刚的灶里回来，
请从不丹雪山的灶里回来，
请从天空、城堡、岩峰的灶里回来，
请从波觉班乔仓[1]的灶里回来，
请从诸天之王旺杰仓的灶里回来呀！

托贵青波、帕贵青波[2]！
如果你落到猎人手里，
就从猎人的弓箭下逃回来；
如果落到铁匠的手里，
就从铁匠的炉膛里逃回来，
如果国王把你逮住，
就从国王的监牢里逃出来；
如果有权有势的大官把你逮住，
就从大官的门缝里钻出逃回来；
如果无权无势的小偷把你偷走，
就从小偷的皮袋里溜出逃回来；
如果艺高胆大的强盗把你劫走，
就从大盗的马背上逃回来；

① 波觉班乔仓：据说是波密土王一城堡。
② 托贵青波、帕贵青波：祈祷词，祝愿吉祥、幸福之意。

如果红眼睛的厉鬼把你抓走，
就从厉鬼的炉灶里逃回来呀！

托贵青波、帕贵青波！
别人叫你往上，你不要往上；
别人叫你往下，你不要往下；
别人叫你进门，你不要进门呀！
人家炉灶再大，也是人家的炉灶，
自家炉灶再小，也是自己的家呀！
在异域他乡，道路容易走错；
在自己家乡，你是熟门熟路呀！
把别人的地方，扔到背后，
把自己的家乡，搂在怀中，
灶神回来，灶神回来呀！

托贵青波、帕贵青波，
灶神回来，灶神回来呀！
请赶着白额头的公羚牛回来，
请赶着黄脸膛的母羚牛回来，
请赶着五彩花纹的老虎回来，
请赶着黑白相间的雪豹回来，
请赶着白胸脯的公熊回来，
请赶着白脸膛的母熊回来，
请赶着金手杖般的公赤斑羚回来，
请赶着红火钳般的母赤斑羚回来，

请赶着红毛皮的公野羊回来，
请赶着黑尾巴的母野羊回来，
请赶着黄胡子的老公猴回来，
请赶着黄眼珠的大鹏鸟回来，
请把黄鼠狼从地洞里赶回来，
请把贝母鸡从青杠树上赶下来，
请赶着红脚杆的山鸡回来，
请赶着天空的各色鸟回来呀！

托贵青波、帕贵青波，
灶神回来，灶神回来呀！
这里有你住熟了的住处，
这里有你吃惯了的食物，
这里有你最喜欢的兽血，
这里有烤肉块的炉架，
这里有背野兽的背索，
这里有超度野兽的刀、矛、箭，
你和猎人我谁也离不开谁，
你和打猎的弓谁也离不开谁，
你和打猎的箭谁也离不开谁！

托贵青波、帕贵青波，
灶神回来，灶神回来呀！
世界上没有比你更勇敢的了，
大地上没有比你更卖力的了，

比闪电还快速的你，往上跑呀！
比思想还敏捷的你，往下追呀！
嘴巴冒着火焰的你，追过去呀！
鼻子喷着青烟的你，追过去呀！
眼睛闪着电光的你，追过去呀！

冲上去！挡住它！即可！
把崖峰上野兽的眼睛叨出来，
把密林间野兽的心肝掏出来，
就是逃到无边的大海也要逮住它，
就是逃到入云的山尖也要逮住它！
勾即！勾即！勾即！（表示猎狗的叫声）

### （三）森林魔怪“折波”鬼

恩布老人说，珞巴猎人最害怕的，不是山高路险，不是茫茫林海，不是雪山急流，不是悬崖峭壁，甚至也不是老虎、雪豹、野猪、大熊等猛兽，而是一种名叫“折波”的森林鬼，它们千变万化，神出鬼没；生性残忍，吞吃人畜，猎人在大山里失踪，在森林中迷路，据说都是“折波”搞得鬼；在珞巴族妇女和儿童的心目中，“折波”是极端残忍、无恶不作的妖魔鬼怪，与内地民间传说中的“狼外婆”“老虎外婆”差不多。不过“折波”也有善有恶，有好有坏，有时也能做些对人有利的事情。传说珞巴猎人制作毒箭的秘诀，便是“折波”鬼传授的。

在珞巴族的故事里，往往把人熊、猩猩、野人和“折波”混淆起来，其实，前三者是森林动物或可能存在的森林动物，而

“折波”完全是虚拟的东西，是具有原始宗教观念的人，特别是猎人幻想出来的鬼怪。藏族人把鬼称为“折”，或者叫“顿折”，在发音上有相同或相近之处。恩布老人、旺扎大哥，达木寨的仁增多吉老人跟我们讲了不少森林鬼“折波”的故事，下面选出几则奉献给读者。

## 折波鬼和猪妈妈

仁增多吉

很久很久以前，有一个男人和一个女人，住在大森林边的小木屋里，他们膝下有一儿一女两个孩子。一天清早，女人对她的丈夫说：“约波（丈夫）！天亮了，出太阳了，你到山上去砍一根藤子，用来背我们的小女儿！”

男人爬上很高的山，钻进树藤缠绕的森林。他砍下一根藤条，朝自己身边拉过来，很快，他感觉到，在藤条的另一头，有什么东西和他在对着拉。林深树密，光线阴暗，什么也看不明白。男人很生气，使出全身的力气，不断地收藤条，一段又一段，一圈又一圈，最后，藤条的那一头，过来一个很可怕的东西，人不像人，鬼不像鬼，全身上下长满红毛，两排牙齿像尖利的刀，那东西笑嘻嘻地说：

“我是森林里的折波叔叔，你把我拉过来干什么？”

“对不起！”男人表示歉意，“我并没有拉你，我是在拉藤条，准备用它背孩子！”

“也好！我肚子饿了，干脆你给我当午饭得了！”说完，伸出尖利的爪子扑过来。

男人吓了一大跳，抛下砍刀，丢下藤条，拼命逃奔。森林鬼追了上来，逮住男人，把他给活活地吃了。

森林鬼跑到小河边，洗了洗嘴巴和爪子，穿上男人的衣服，蹬上他的靴子，戴上他的帽子，别着砍刀，背起藤条，走到森林边的小木屋前，学着男人的口气说："米姆（妻）呀！我回来了！我割了藤条回来了，带着晚饭吃的肉回来了！"

女人从门缝里一瞧，认出折波鬼，嘴里不敢说，心里暗嘀咕。她开了门，让折波进来，吃过肉，喝过汤，折波鬼说："吃饱了，喝足了，该睡了！孩子们，谁跟我睡呀？"男孩抢着说："我和阿爸睡，妹妹跟妈妈睡。"

睡到半夜，男孩叫了一声："哎呀！"女人问"：怎么啦？"折波说："没什么，我的长刀鞘梗了他"！过了一会儿，男孩又叫："哎呀！"女人又问："怎么啦？"折波说："没什么，我的短刀鞘梗了他！"三下两下，鬼便把小男孩给吃了。

折波鬼抹了抹嘴巴，睡到女人身边。女人说："我要撒尿！"折波说："不要出去，外面有鬼！"女人说："尿会把我憋死的！"鬼拿了一根藤条，拴住女人的腰，女人抱着小女孩，跑进牲口棚，把藤拴到山羊角上，把女孩拴在母猪背上，又从火塘里拿起一根燃烧着的木柴，绑在母猪身上。朝屋里吐了三次口水，出门飞快地逃跑了。

折波鬼不见女人回来，拉了拉藤条，山羊咩咩叫。鬼想："这女人，还装羊叫哩！"又拉了拉藤条，山羊又叫，鬼想："你装羊叫，我也要吃了你！"折波鬼把藤条使劲往里拉，拉进一只长胡须、尖犄角的大山羊，山羊狠狠地顶了他一家伙！鬼知道上了当，连忙跑出门，去抓母猪背上的小姑娘，小姑娘没抓着，鬼的头发倒被燃烧的木柴烧掉一大把，他痛得哇哇乱叫，放过小姑娘，追赶女人去了！

女人逃呀逃呀，路过燕子的家，她说："小燕子，好燕子，折波鬼在后面追我，请替我拦一拦！"燕子放过了女人，拦住折波鬼，鬼问："有个女人，看到没有?"燕子说："女人，什么女人？昨天没来过！今天没见过！"鬼很生气，伸手抓燕子，燕子一阵飞，弄得他满脸泥土满眼灰。

女人逃呀逃呀，路过山鸡的家。女人说："乖山鸡，好山鸡，折波鬼在后面追我，请帮我挡一挡。"山鸡放过了女人，挡住了折波鬼，鬼问："有个女人，看到没有?"山鸡说："女人？什么女人？早上没来过，中午没见过！"鬼很生气，伸手抓山鸡，山鸡一阵乱跑，弄得他满脸泥土满眼灰。

女人逃呀逃呀，逃到一座悬崖边，崖上有架梯子，女人说："小梯子，好梯子，折波鬼在后面追我，请让我上去吧！"女人爬上悬崖，折波鬼追了过来，顺着梯子也往上爬，爬了一半，梯子折断，鬼栽了个大跟斗。

女人逃呀逃呀，前面有条大河，河上有座木桥。女人说："小木桥，好木桥，折波鬼在后面追我，请让我过去吧！"女人刚过了桥，折波鬼追了上来，踩上木桥往前赶，走到桥中间，木桥断裂，鬼掉进河水，差一点淹死。

女人逃呀逃呀，一直逃到世界的尽头，眼看要被折波鬼逮住了，便对着天喊："天神奶奶阿比朗西果姆！天神奶奶阿比朗西果姆！请救救我吧！救救我吧！"这时，从天上放下一只竹篮子，女人赶紧坐了进去，升到天上去了。很快，折波鬼追来，也朝天上喊，天上果然也放下一只竹篮，鬼也坐了进去，刚升到半空，绳子断裂，鬼掉落下来，从此折波鬼再也没法上天，一直留在地上，在森林中出没。

再说，猪妈妈背着小女孩，逃进了茫茫森林，藏身在一个山洞里，尽心尽力将小女孩抚养大。有一天，小姑娘替猪妈妈抓虱子，从鬃毛里找到一粒稻谷，小姑娘问："阿比！阿比！这是什么？"猪妈妈说："这是稻谷。我们把它种在泥土里，会长出金灿灿的粮食来的。"猪妈妈用嘴巴在地上拱来拱去，拱出一块疏松的土垦，播下稻种，母女俩就有粮食吃了。

春天连着秋天，一年一年过去了，猪妈妈变得很老很老了。有一天，它对小姑娘说："孩子，你已经长大了，而我已经很老很老了，我快要死了！"小姑娘难过地说："猪妈妈，你不能死！你死了，留下我一个人孤零零地怎么办呀？"猪妈妈说："孩子，不要着急。我死以后，你把我的皮、肉和骨头，分别掩埋在高山上，树林里和河边，世界上便会有村庄、有市镇、有人烟，你去跟他们一块过日子。"

过了些日子，猪妈妈真的死了。小姑娘非常悲痛，埋葬了猪妈妈的遗体。在埋葬猪妈妈遗骨的他方，长出一棵又粗又大的达古空心树，高高的树冠一直升入了云天，小姑娘天天坐在达古空心树下，一边流泪，一边想念猪妈妈。有一天，空心树里，忽然传出嘈嘈杂杂的人声，许许多多的人从空心树里出来，有一个小伙子，对小姑娘说："咱俩一起过日子吧，我就是你的丈夫！"

这样，世界又热闹起来了。有了人，有了庄稼，有了村庄。所以老人们都说，珞巴人是从达古空心树里出来的，稻谷种子是猪妈妈留下的。

我刚听完这个故事，觉得它和世界各国普遍流行的狼外婆、老虎外婆的故事有相似之处，又具有很浓的喜马拉雅山区特色，例如以砍藤作为开头。结尾是珞巴人的起源和稻谷的来历的原始神话。据达木村故事讲述者仁增多吉老人介绍，这个故事是从雅鲁藏布江下游的洞工珞巴人那里听来的。洞工珞巴认为，稻谷是猪妈妈留下来的，人类是从空心树里钻出来的。仁增多吉老人又讲了一个令人毛骨悚然的“折波”鬼故事。

## 穿花裙子的女“折波”

仁增多吉

丈夫睡在竹席上，叫妻子出门干活：“米姆（妻），太阳出山了，快出门挖地去吧！”

妻子走出竹楼，来到河边，很努力地挖地。挖着挖着，前面的泥土里，长出来一株绿森森的香蕉树，越长越高，越长越粗，香蕉树顶上，坐着一个穿花裙子的“折波”女鬼，吊着一对面口袋那么大的乳房，咧开大嘴，冲着她笑，笑得她全身发毛。

妻子吓坏了，扔掉手里的锄头，不要命地往回跑，逃进竹楼，喘了半天的粗气，不停地埋怨丈夫：“约波（丈夫）！你倒好，躺在这里睡觉，叫我一个人下地干活，刚才我挖地的地方，钻出一个穿花裙子的女鬼，差一点把我活活吃了。明天你不去，我也不去。”

第二天，丈夫背着弓，挎着箭，拿着长刀，陪妻子来到河边挖地，他这里挖挖，那里刨刨，一没有见到香蕉树，二没有见到穿花裙子的女鬼，他有点不高兴了。大声说：“米姆！好好挖地，不要讲假话，讲假话不好！”说完，又回竹楼睡大觉去了。

丈夫走了，留下妻子一个人挖地。没过多久，一株香蕉树，又噌噌噌地长出来，越长越高，越长越粗，那个穿花裙子的女鬼，又坐在香蕉树顶上，咧开大嘴怪笑。妻子吓得丢了魂，扔下锄头，拼命逃奔，女鬼从树上一跃而下，三蹦两跳，伸出尖利的爪子，抓住妻子，一撕两半，扛在肩头走了。

丈夫在家等妻子回来烧饭，中午没回来，下午也没有回来，他有点着急了，跑到河边看，人没有了，地里扔着一柄锄头，一摊血。丈夫真真地着急了。他沿着河，喊着妻，不断地寻找。最后走进一大片香蕉林，看见一株最大、最高的香蕉树上，坐着一个穿花裙子的女鬼，咧开大嘴对他咯咯笑。

丈夫又着急，又气愤，拿起弓箭，向女鬼射去，一箭射中女鬼，女鬼从树上栽下来，不见了。丈夫在香蕉林里东找西找，香蕉林阴暗又潮湿，最后找到了一幢黑房子，一个小孩坐在门口，从竹筒里吃着人的手指头，还有一个老太婆坐在木墩上，用大石头砸着人骨头。

丈夫认定这是折波鬼的窝。一把逮住老太婆，拔出猎刀搁在它的脖子上，老太婆战战兢兢地说：“巴差（老弟），为什么杀我？”丈夫说：“折波鬼害死了我的妻子，你又在砸人的骨头，我不杀你杀谁？”老太婆慌忙说：“老弟，不要动手，我把你的妻子还给你，行不行？”很快，老太婆两手忙乱起来，这边抓过一根骨头，那边拿来一块皮肉，便把他的妻子拼凑出来了。一看，手上没有手指头，便从小孩的竹筒里，拿过指头来，一个一个安上去，竹筒只有9根指头，还有一根刚刚被小孩当点心吃掉了。

丈夫对妻子说：“米姆！咱们回家吧！以后，我再也不让你一个人下地干活了。”两口子走呀，走呀，还没有走出香蕉林，忽然，一株绿森森的香蕉树，在他们两个人中间长了出来，越长越高，越长越粗，把丈夫和妻子隔开了。丈夫挥动锋利的猎刀，不停地砍，不停地砍，砍了一天一夜，总算把香蕉树砍倒了。万万没有想到，香蕉树倒下来，砸死了他的妻子。

仁增多吉老人说，“折波鬼总是待在香蕉树上，香蕉树就是它们的家。这种鬼专吃女人和小孩，对男人倒没有什么危害。当地珞巴妇女生过孩子，往往要用香蕉树叶搭成一间小房子，里边摆放鸡肉、鸡蛋、酒糟，有些富有人家还要杀猪宰牛，请苯布教巫师诵经念咒，祭祀折波鬼，以保佑母子平安”。这种活动称为“珞鲁”，意思是珞巴人的教法。

折波鬼有个特性，欺善怕恶，如果你比它还狠，还勇猛，它便乖乖地归服，为你效劳。我们记录过一些猎人战胜折波鬼的故事，恩布老人就讲了这么一个。

## 纳旺大叔驯养“折波”鬼

恩布

巴底村有个著名的猎人，名叫纳旺大叔。他力气大，胆子也大。有一回，他领着十岁的儿子，到山上套老鼠。天黑下来，父子俩钻进一个山洞过夜。儿子肚子饿了，拿出几只老鼠，在火上烤着吃。纳旺说:“别烧了,老鼠气味大,会把山鬼折波招来的。”

话音未落，一个折波鬼窜了进来，黑黢黢的，满身是毛。两只眼睛炭火般地发亮。他伸出毛茸茸的爪子，从火上抓过老鼠往口里送，一口一个，很快把老鼠吃光了。吃光了老鼠，又来抓孩子，孩子吓得哇哇大哭。

纳旺大叔不干了，上去一把抱住山鬼，在山洞里扭打起来。他们从洞里摔到洞外，从天黑摔到天明，谁也制服不了谁。纳旺大叔喊："孩子！抓把炉灰，撒它！撒它！"男孩抓起一把炉灰，对着山鬼的眼睛撒去。山鬼什么也看不见，最后被纳旺摺倒了。纳旺大叔用膝盖压住折波，抽出腰刀来割它的脑袋，折波吓得嗷嗷叫，伸出两只毛茸茸的大拇指求饶。纳旺说："你想活命也可以，不过必须发誓：从今天起，再不跟人作对；从明天起，好好为人效劳！"

折波没有办法，口咬通红的火炭，发了三次誓：

甲拉耿耿夏拉莎，

甲拉耿耿查拉通，

吉玛朗拉依黑！

意思是："折波我发誓不吃肉，折波我发誓不喝血！"

纳旺大叔信不过它，让它重复了三次，又让它发第四次重誓。折波不干了，脑袋一歪，脖子一梗，说："要杀便杀，想砍便砍，这誓我发腻了，杀死我也不发了！"这样，纳旺大叔把折波带回了巴底村，村民们都跑来看新鲜。折波是森林里的鬼，老百姓没有一个人不害怕它。今天纳旺大叔把一个活生生的折波鬼逮回来了，全村人像过年过节一样的快活。

第二天，全村人上山刀耕火种。纳旺大叔领着山鬼折波去了。折波果然遵守誓言，干活很卖力气。砍树，它不用刀斧，只用锋利的牙齿一咬，最粗的树也折断了；刨地，它不用镐锄，只用两只利爪一抓，一大片山地便翻开了。村民们看了很高兴，伸出大拇指夸个不停。

过了几天，纳旺大叔上山打猎，山鬼折波自愿同行。折波是所有野兽的克星，山林里的羚牛、野猪和狗熊，看见折波便吓得一个个趴倒在地上，不敢动弹。纳旺大叔没花多大的力气，便猎取到许多的野兽。他在山顶上点燃松烟，通知全村家家户户上山背肉和分肉。

山鬼折波最拿手的，是从悬崖峭壁上掏野蜂窝、取野蜂蜜了。他不像村民一样，抓着藤子往上攀，用绳索往下吊，它蹭蹭蹭地爬上岩石，三下两下，窜进云雾里的悬崖峭壁，摘下一个又一个的野蜂窝，哗哗啦啦往下扔。巴底村家家户户，都吃上了又香又甜的野蜂蜜。邻近的人从巴底村附近路过，老远就能闻到蜂蜜香。

邻近的古尤村的民众，很羡慕巴底人的生活，由几位老年人出面，向纳旺大叔提出请求，借折波鬼用一用，帮他们取一些蜂蜜，用过后一定归还。为了不使老人们失望，纳旺大叔只好答应了。

那一天，古尤村的男女老少，都汇集在村外的雅鲁藏布江边，观看山鬼折波爬岩取蜜。折波鬼由纳旺大叔带过来，全身黑黢黢的，两只眼睛炭火般地放光，它看了看岩峰，又看了看人，沿着峭壁悬崖，蹭蹭蹭地往上爬，越爬越高，越爬越高，钻进山顶一个崖洞，再也不见踪影了。全村人都很着急，齐声高喊："折波叔叔，快取蜜呀！折波叔叔，快下来吧！"

古尤村的人等了很久很久，眼睛都要望穿了。折波鬼又现身了。身子越来越大，越来越大。一只脚踩在江的这边，一只脚踩在江的那边，弯下身子张开大口拼命喝江中的水，喝了又吐，吐了又喝，最后对着村民们说："折波我把人的东西还给人了，口和牙都洗干净了，肠子和肚子都洗干净了，折波我要回到自己的世界去了！"说完，重新爬上高山，钻进崖洞，再也没有出来了。

这个崖洞，现在还能看到，名叫"堆果扎"（魔鬼崖）。

恩布老人讲完故事，又补充说："这个故事实有其人，实有其地，实有其事，就发生在我爷爷在世的时候，离现在也不过一百多年。"对于恩布老人的说法，我难以信服。不过，山鬼折波为报猎人不杀之恩，信守诺言，为纳旺大叔做了不少事情，后来大叔把它借给别的村寨，它便不干了，洗肠洗肚，表示与人恩断义绝，扬长而去。从魔鬼世界来的它，又回到魔鬼世界去，也是顺理成章的。下面，我想转述一个折波之王的故事，这个故事是达木村仁增多吉老人讲的。

## 三个脑袋的折波鬼王

仁增多吉

春天到了，早稻要播种了。

妹妹家里穷，没有吃的，也没有喝的，更没有一粒稻谷做种子。她只好去找姐姐借，姐姐家光景好。

姐姐家的木楼又高又大。妹妹在楼下喊："姐姐！姐姐！借给我一点稻种吧！"

姐姐从窗口伸出头来，说："借稻种，你还得起吗？"

"秋天收了稻谷，我加倍还你！"妹妹哀求着，她太需要稻种了。

“好的，你拿家什来装吧！”姐姐答应了。妹妹很感激，飞快跑回去，拿来一个藤筐。姐姐看了一眼，惊叫了起来：“天呀！这么大的东西，装你的尸体还差不多！”

妹妹惶恐了。把藤筐送回家，换来一只竹盒，姐姐又嚷起来：“妈呀！这么大的东西，装你的脑袋还差不多。我只能借给你一把稻种！”

妹妹心里很难过，姐姐太为难她了。只好双手撑起围裙，姐姐抓着一把稻种，从木楼上扔下来，一半落在围裙里，一半撒在地上，一只大公鸡跑来，把稻谷啄光了。

妹妹忍气吞声，带着半捧稻种走了。

桃花开的季节，全寨子的人都到山上砍树烧荒，刀耕火种，妹妹也来到一片小树林边，砍倒几棵树，她饿极了，困极了，歪倒在地上睡着了。醒来时一看，差一点不相信自己的眼睛，不知道是什么人，替她砍倒了整片的山林，把所有的林木都烧完了。

“是谁在帮助我呢?”小姑娘心里感到很纳闷。

过了一些日子，她到刀耕地上点种旱稻，只种了芭蕉叶大的一块，种子用完了，她很难过地回到家。第二天跑到地里一看，不由得惊叫起来，不知道是什么人，帮她把全部刀耕地播种完了，又均匀，又平整。

到底是谁在暗中帮助我呢？小姑娘更纳闷了。

春天过去，夏天过去，秋天到来的时候，小姑娘的旱稻地成熟了，黄灿灿的一片，像金子闪闪发光，小姑娘好高兴啊！她割下一小片稻谷，捣出雪白的米粒，煮了一小石锅米饭，米饭香极了，她只尝了一丁点儿，她舍不得吃，把米饭捏成三个饭团，用芭蕉叶包好，准备明天割稻时当午餐。

第二天，妹妹早早上山，去收割自己的旱稻，她做梦也没有想到，整片的稻谷被人割走了，地里光秃秃的，只剩下一些杂草和禾苗。她的心碎了，坐在地里伤心地哭泣。

她一边流泪，一边查找。发现地边有撒落的谷粒，还有稻穗拖出的印迹。她跟着印迹往前找，过了一片山林，又过了一片山林，当她走进第三片山林的时候，看见有一个山洞，稻穗的印迹一直进到洞里。

小姑娘想：偷稻谷的，一定藏在山洞里。

她一点也不害怕，大着胆子往里钻。山洞刚开头很窄很黑，慢慢地宽敞了、亮堂了。里面有石头的城堡，石头的窗户，石头的门。她从石头门缝看进去，屋子里堆放着一堆稻谷。一个折波小山鬼，正在忙着收拾。

小姑娘敲着门，说；“山鬼哥哥！请把门开开，我有事问问你。”小山鬼说：“给我一个饭团，我回答你一句话；给我两个饭团，我回答你两句话；给我三个饭团，我把秘密全都告诉你！”

小姑娘自己也很饿，还是把三个饭团全给了小山鬼，小山鬼“嘎吱”“嘎吱”地把石门打开了。小山鬼说：“这不是随随便便的地方，这是山鬼大王的城堡，鬼王有三个脑袋，三张嘴，吃你个小姑娘跟吃个水萝卜一样。鬼王出门巡山去了，很快就会转回来，你赶快躲到石楼上去，像小老鼠一样千万不要吱声，要是鬼王听出了点什么，你便回答：‘我是老鼠达达笛笛！’”

说话间，山鬼折波王从外面进来了，它的模样十分可怕，它有三个脑袋，三张大口，六只圆鼓鼓的眼睛。小姑娘慌忙躲到石楼上，吓得手脚发抖，弄出了声响：鬼王问：“谁在楼上？”小姑娘回答：“我是老鼠达达笛笛！”鬼王说：“是老鼠，随便你！是人，吃掉你！”

鬼王肚子饿了。拿出一根金手杖，在地上划一个圈，大声念：“可里！结朵宾松灼司灼（三块灶石立呀立）！”果然，三块石头滚进来，立成一个灶。又念：“可里！桑青桑琼塔司塔（大锅小锅架呀架）！”很快，大锅和小锅在灶上架好了。

鬼王取出一根银手杖，在地上划一圈，念：“玛莫麦吉鲁司鲁（红红的火燃呀燃）！”三石灶里，火苗呼呼燃烧。又念：“帕夏久玛比波波（猪肉猪肠熟呀熟）！”果然，一块块猪肉，一挂挂猪肠子，很快装满了大锅小锅。

小姑娘看得入了迷，想：金手杖、银手杖真是太神了！

鬼王折波坐在石头宝座上，一边捞，一边吃，哼哼唧唧，很快吃饱喝足，猪肉、猪肠子一扫而光，又拿起金手杖、银手杖，念了几句咒语，石锅、石灶，通通消隐了。鬼王躺在石座上，呼哧呼哧大睡，鼾声比打雷还厉害，震得小姑娘耳朵痛。

这当间，小山鬼过来招呼，让她赶快下来，赶快溜走。小姑娘趁机抓起金手杖、银手杖，一溜烟逃回家去了。

小妹妹回到家，按照折波山鬼王的办法，拿出金手杖、银手杖，划一个圈圈，念九句咒语。果然，稻谷有了，猪肉有了，衣服也有了，房子也有了！

她想起了自己的姐姐。虽然姐姐只借给她半捧稻种，但总比不借强啊！她背上一藤筐稻谷，还有吃的和喝的，送到姐姐家。姐姐很惊讶，说：“这么多好东西，是不是偷来的呀？”妹妹不会讲假话，便把金手杖、银手杖的来历，老老实实告诉了姐姐。

姐姐心里不服气，气哼哼地说：“妹妹得到的，姐姐也能得到！”不管妹妹怎样劝阻，姐姐根本听不进去。她穿过了山林，找到山洞里的折波鬼王城堡，小山鬼说：“给我一个饭团，告诉你一句话；给我两个饭团，告诉你两句话；给我三个饭团，我把秘密全都告诉你！”姐姐非常傲慢地嚷道：“给你爸爸的尸体！给你妈妈的尸体！你要说些什么，大姐我通通知道！”说罢，嗵、嗵、嗵地进来，自己躲到了石楼上面。

这时候，三个脑袋的折波山鬼王回来了。上回丢了金手杖、银手杖，没有了好吃好喝，气得肚子冒火，口里冒烟，躺在石头宝座上喘粗气。姐姐故意弄出了一点声响，鬼王问：“谁在楼上？”姐姐赶紧说：“我是老鼠达达笛笛！”鬼王一听，更生气了：“上回是你老鼠达达笛笛，拿走了我的金手杖、银手杖，这回又是你老鼠达达笛笛，又来打我什么坏主意。今天我折波大叔刚好没吃饱，你来给我当点心吧！”

说完，张开大口，把姐姐给吃掉了。

## 荒村古寨里的魔幻世界

老一辈的珞巴人，相信鸟兽虫鱼能变成人，人也能变成妖魔鬼怪，他们出没在古老村寨，现身于竹楼木屋，使森林充满神秘色彩，村寨充满魔幻气氛，这种无形的物体，神秘莫测的生灵，往往做出许多怪异的事情。我认为，这是珞巴人万物有灵观念的反映，也是他们神鬼观、生死观、生活观的体现。在恩布老人、仁增多吉老人、旺扎大哥讲述的珞巴故事中，林林总总的神话和童话占很大比例，其中不乏民间文学的精品。

## 我把谷魂送来了

恩布

爸爸死了，妈妈也死了。竹楼里只留下姐弟俩：姐姐和小弟弟。

过新年的时候，邻居家有吃有喝很热闹，他们吃很肥的猪肉，喝很香的烤酒，还用雪白的米饭喂狗。

姐弟俩的家冷冷清清的，火塘里没有火，屋顶上没有烟，他们没有米过年，更没有肉过年。

姐姐带着小弟弟，来到邻居木楼下面哀求：“好邻居，求求你，借一点点米给我俩充饥吧！借一点点米给我俩过年吧！”邻居家的人，一个个不理不睬，照样喝他们的酒，吃他们的肉，唱他们的歌，跳他们的舞。照样用雪白的米饭喂狗。

姐姐和弟弟站在冷风里哭，哭得好伤心。

姐姐说：“好弟弟，不要哭，姐姐我到别人家的石臼里，扫一点剩米糠回来过年。”

弟弟说：“好姐姐，不要哭，弟弟我到小河边，叉一些蚱蜢回来过年。”

天黑的时候，姐姐捧着一小盒米糠回来了，弟弟提着一小串蚱蜢回来了。姐弟俩把米糠和蚱蜢放进石头锅，熬得稠稠的，炖得烂烂的。姐姐有了笑容，弟弟也有了笑容，在一年最好的节庆里，他们依靠自己的努力，不会再挨饿了。

进餐之前，姐弟俩拿了一点点蚱蜢米糠粥，撒在房前屋后、木楼周围，祭祀山神、水神和庄稼神，诚心诚意地请求道：“好心的神啊！请赐给我们一些稻谷吧，我们不会像邻居那样喂狗，我们会用来周济跟我们一样穷苦的人。”

半夜过后，竹楼周围忽然传来一种奇怪的声音，姐弟俩好害怕啊，躲在屋角里，一动也不敢动，侧耳细听：好像有什么东西，绕着竹楼一圈又一圈不停地转，一边转，一边念：

宁古尼拉阿乐刀（我把谷魂送来了）！

宁古尼拉阿乐刀（我把谷魂送来了）！

姐弟俩点上油松，跑到门外一看，只见金黄金黄的稻谷，好像长了两只脚，排起长长的队，从邻居家的库房，一直走进他们家的竹楼，都快把整个竹楼盛满了。

## 逮老鼠的老头儿

恩布

木楼里，住着一个男孩，一个很小很小的男孩。他的阿爸死了，阿妈死了，哥哥、姐姐都死了，人世上，只剩下他孤孤单单一个人。

白天，他爬上很高很高的树，摘果子吃；晚上，回到木楼，独自度过那些又冷又黑又长的夜。有一夜，他蜷缩在火塘边，只听得楼板下面好像有人在敲：“笛笛笛！笛笛笛！”

小男孩心里嘀咕：“奇怪呀！深更半夜的，什么人在敲我家的楼板呢？”

他走下楼，看见一个白胡子老头儿，肩上搭一个很长很长的大口袋，还在敲着他家的楼板：“笛笛笛！笛笛笛！”

小男孩走下去问：“老爷爷，我不认识您，您为什么总敲我家的楼板呀？”

老头儿挺和气，每一条皱纹里都是笑容，说：“小弟弟，我是个逮老鼠的老头儿，家住江的那边，天黑了，过不了江了，想在你的木楼里待一晚，行不行?”小男孩看老头儿孤孤单单，很可怜，连忙说：“行！行!”把老头儿请进门，让他在火塘边烤火驱寒。

老头儿从自己又长又大的口袋里，抓出几只吱吱乱叫的老鼠，用竹签戳着，放到火上烤，烤得香喷喷的，小男孩很想吃，馋得口水都出来了。老头儿说：“小弟弟，帮个忙，到我口袋里拿点姜，我俩便可以吃香香的、甜甜的老鼠肉了。”

小男孩伸手到口袋里摸，没有。老头儿说：“小弟弟，再往下摸摸，袋子底下有的。”袋子又大又深，小男孩没有办法，只好钻到里边找，老头儿趁势把小男孩装进口袋，用一根绳子捆紧袋口，扛在肩头走了。

木楼顶上，住着一对麻雀夫妇，看见老头儿抓走了孩子，赶紧招来麻雀家族，挡住老头儿的去路。麻雀们说：“老爷爷，老伯伯，昨天麻雀爸爸盖新房，今天麻雀妈妈生娃娃，喜酒你不喝三杯，是过不去的呀!”它们叽叽喳喳，唱起了麻雀的酒歌：

吉夏青，吉玛柔，

贝古古，贝古古!

意思是：“吃点吧！喝点吧！舒舒服服待着吧!”这个敬，那个敬，公雀敬，母雀敬，唧唧喳喳没个完，到底把老头儿灌醉了。

麻雀们齐心合力，解开老头儿的大口袋，救出了小男孩。在口袋里，装了一块石头，两块冰，三根尖刺。老头儿醉得歪歪倒倒，背着大口袋往回走。走着走着，尖刺扎进他的肉，老头儿骂道："好呀！你小娃娃还敢掐我，回家等着瞧！"走着走着，袋里的冰化了，打湿了他一身，老头儿又骂道："好呀！你小娃娃还敢撒尿，回家等着瞧！"

回到家，老头儿急急忙忙，把口袋往锅里一扔，只听得"咣啷"一声，锅给砸破了，老头儿酒也醒得差不多了。解开口袋，只有石头和尖刺，小男孩不知跑到什么他方去了！

老头儿肺都气炸了，慌慌张张往回走，发现小男孩爬在很高很高的"达崩"树上，在那里津津有味地吃着"达崩"果哩！老头儿压住火气，笑眯眯地说："小弟弟！摘一个'达崩'果，给我尝一尝，行不行？"

"当然可以，你张开嘴巴等着吧！"小男孩说。老头儿仰着头，张大口，小男孩从树上抓了一条小青蛇，装进达崩果里，顺势一扔，不偏不倚，正好扔进老头儿的嘴巴里。小青蛇钻进老头儿的心，痛得老头儿在地上乱滚。

小男孩从树上往下看，死在地上的，根本不是什么逮老鼠的老头儿，而是一个可怕的老妖怪！

## 亮绿眼睛的男人

恩布

姐姐和妹妹，住在一间芭蕉叶搭盖的小竹楼里，离寨子很远很远。

有一天，姐妹俩手拿木杵，在石臼里捣"达牙"（小米）。忽然，从浓密的芭蕉林里，走出来一个长脖子细腰身的男人，两只眼睛亮绿亮绿的，很是吓人。他看了看姐姐，又看了看妹妹，用很细的声音说："捣小米的姑娘，我饿了，给点达牙吃吧！"

姐妹俩在石头锅里，煮了一点小米粥，那个男人吃得有滋有味，吃得很仔细。又伸出长长的、鲜红的舌头，把粘在嘴边的小米粒，一粒一粒地舔进去。男人谢过姐妹俩，走进又浓又密的芭蕉树林。妹妹觉得这个男人举止怪怪的，便悄悄地跟在后面看。男人走得快，她也快；男人走得慢，她也慢，最后，男人转到一块石崖背后，不见了。石崖下面，有个很大的洞，洞里黑黢黢的，冒出一股股阴风。

妹妹急急忙忙跑回家，把看到的情形告诉姐姐，姐姐不相信。夜里，姐姐睡在竹楼下，妹妹睡在竹楼上。她弄来一张竹席，卷成圆筒筒，自己藏身在里边，两头各装一个大铁夹。那是当猎人的爸爸留下来的。

半夜过后，小妹妹听到一种奇怪的声音：唆！唆！唆！由远而近，绕着竹楼转了一圈又一圈。接下来，声音响进了楼下，只听得姐姐一声惨叫："达格（哎哟）！妹妹！"便像死一样静了下来。妹妹很害怕，竖起耳朵听，又从竹席缝里往外看。不久，唆！唆！唆！的声音，又从楼下响起，离自己越来越近，越来越近。她看见一条水桶粗的蟒蛇，摇头摆尾，进了自己的屋子，两只亮绿亮绿的眼睛，像一团团鬼火，看得小妹妹心里直发毛。

蟒蛇发现妹妹躲藏在竹席中间，尖着嗓子说："小姑娘，你藏得再严实，也逃不过我的舌头！"说完，便张嘴吞吃妹妹，没想到脑袋刚刚伸进来，便被铁夹子一下牢牢地夹住了。蟒蛇痛得不得了，摇头摆尾，拼命挣扎，小竹楼也跟着左摇右摆，快要散架了。幸好妹妹早有提防，把铁夹子绑在梁柱上面，蟒蛇越挣扎，夹得越厉害，眼看就要完蛋了。它很后悔地说："哎咔咔！

我上边吃了九个村的人，下边吃了九个村的人，没想到今天，却栽在一个小姑娘手里！”又挣扎了一阵，便断气了。

妹妹从竹席里钻出来，用长刀剖开蟒蛇的肚子，姐姐没有死，还卡在蟒蛇的嗓子眼里呢！一阵凉风吹来，姐姐又活过来了！

## 吹笛子的阿乌托亚

恩布

小伙子阿乌托亚，赶着一群羊，沿着蓝色的雪山湖慢慢走着。他从腰间摘下一支竹笛，伊呜伊呜地吹了起来。他的笛子吹得很好听，幽蓝幽蓝的湖水，也随着笛音不停地转动、转动。忽然，一件让人不敢相信的怪事发生了：从湖里，浮上来一个姑娘，一个很美丽的姑娘。她的眼睛又大又明亮，对着阿乌托亚这样唱道：

牧羊人阿乌托亚，
笛子吹得真好听；
我是蓝湖的公主，
你是湖畔的青年，
我们俩能不能，
结成美满的夫妻？

阿乌托亚一听，立刻打了一个寒噤。他想起阿妈勒宗的告诫，妈妈说：“儿呀！今年是你的本命年！山上有山鬼伤害你，平川有地鬼伤害你，湖里有水鬼伤害你！你在外放羊时时、处处、事事要小心啊！”于是，阿乌托亚这样唱道：

美丽的蓝湖姑娘，

请听听我的歌声！

你是湖中的神女，

我是湖畔的凡人；

人和神之间，

不能结成夫妻！

蓝湖神女不高兴了，微微皱起了眉头，她转换了话题。唱道：“你头上的帽子，能不能借我戴一戴？”

阿乌托亚回答道：“我头上的帽子，不能随便借人戴！”

蓝湖仙女问道：“你腰间的竹笛，能不能借我吹一吹？”

阿乌托亚回答：“我腰间的竹笛，不能随便给人吹！”

蓝湖神女问道：“你脚上的靴子，能不能借我穿一穿？”

阿乌托亚回答：“我脚上的靴子，不能随意借人穿！”

蓝湖神女生气了，圆圆的眼睛瞪大，细细的眉毛高扬，上牙咬了三次下唇，恶狠狠地说：今年一年，明年两年，后年下雪的日子，我等着你！说完，沉进了深深的湖底。湖水恢复了平静，湛蓝湛蓝的，好像什么都没有发生。阿乌托亚带着一种不祥的预感，赶着羊群回了家，他把在湖边遇到的事情，告诉了阿妈勒宗。

一年过去了，平安无事；

两年过去了，平安无事；

第三年冬天，下了第一场雪，湖上结了冰，四周白茫茫一片。阿乌托亚赶着羊，从湖边经过，脚板不知被什么东西扎了一下，回到家里只觉得痛，阿妈帮他脱下靴子，脚一没有扎刺，二没有扭伤。不过疼痛一阵比一阵厉害，阿乌托亚想到：是不是蓝湖神女在作祟？

阿妈勒宗着急了。请来医师看病，医师没有办法；请来喇嘛念经，喇嘛没有办法；请来咒师赶鬼，咒师也没有办法。阿乌托亚病情越来越重了。

最后，阿妈勒宗带上儿子的帽子、靴子和笛子，高一脚低一脚跑到雪山蓝湖边，一声长一声短地呼喊蓝湖女王的名字：

措麦杰姆啦！措麦杰姆啦！（蓝湖女王呀！）

等了好久好久，湖底传出打雷一般的声音，湖冰裂开牦牛那么大的窟窿，窟窿里钻出一个头发雪白、模样古怪的老太婆，她就是统治雪山蓝湖的水中王。阿妈勒宗跪在湖边，流着眼泪哀求道："蓝湖女王呀！我把儿子的帽子、靴子和笛子都带来了！请交给蓝湖公主吧！"蓝湖女王狞笑着说："你儿子的帽子，我女儿不要了；你儿子的笛子，我女儿不要了：你儿子的靴子，我女儿也不要了。阿乌托亚的灵魂，我女儿要定了！"说完，沉入湖底，没了踪影。

阿妈勒宗没有办法，只好哭着回家了。可怜吹笛子的小伙子阿乌托亚，就这样离开了人世。

## 屁股粘在石头上的猎人

仁增多吉

有一个猎人，追赶一头野猪，追过了一座山、两座山，最后追到一条荒凉可怕的黑石峡谷。他累坏了，在一块石头上坐下来，喘一口气。

他做梦也没有想到，怪事发生了！等他重新站起的时候，石头粘住了他的屁股。他用尽全身的力气，怎么也挣脱不开。好像许多根牛毛绳，把他牢牢绑在石头上。

“奇怪！没有胶，没有漆！屁股怎么会被粘住呢?”猎人非常纳闷，也非常焦急，脑子里琢磨着解脱的办法。

太阳落山了，飞鸟归林了，月亮升起来了，峡谷里一片死寂。猎人被粘在石头上，他拼命挣扎，衣衫扯烂了，皮肉弄破了，还是挣不开，站不起来，心里好难过啊！他自言自语道："看样子，我只有死在这块鬼石头上了！"

“喂！大哥！你这是怎么啦?”一个女人的声音，从果玛树上传来，他发现一个穿白袍的女子，正从树杈间盯着他。

“不知道什么原因，我被粘在石头上了！”猎人回答道。

“嘿嘿嘿嘿，石头粘住屁股，真有点意思！”树上的女人笑起来，笑得枝叶乱摇乱晃。

“你是人，还是鬼?”猎人被女人的笑弄得很恼火。

“是人怎么样？是鬼又怎么样?”树上的女人问。

“是鬼，请快离开；是人，请帮助我站起来！”猎人这样说道。

“你等着，我这就来帮助你！”女人一边说，一边从树上下来。

女人走到猎人对面，相隔不到十步，突然张开大嘴，露出獠牙，伸出长长的爪子。厉声叫道：“猎人呀猎人！你来得正好，我好几天没有吃人肉了！”这时猎人才明白，树上的女人，原来是吃人的女鬼！

猎人也是一条汉子，他不能这样老老实实让恶鬼吃掉。

他向女鬼射箭，箭粘在弦上，射不出去！

他朝女鬼打枪，火绳点不着，枪打不响。

他想用刀砍，刀粘在刀鞘里，怎么也拔不出来。

“嘿嘿嘿嘿，哈哈哈哈，有本事都使出来吧！”女鬼洋洋得意地笑着，笑得前仰后合，笑声在峡谷里震荡，让人胆战心惊！

“我还有象牙扳指埃仓多白！”猎人大声喊道。

“嘿嘿嘿嘿，死埃仓多白，来吧！哈哈哈哈，臭埃仓多白，来吧！”女鬼一边咧开大嘴笑，一边伸出爪子扑过来。

这时，猎人从手上取下象牙扳指埃仓多白，用力朝女鬼的脸砸去，女鬼一声惨叫，捂住眼睛逃跑了！

猎人只觉得全身一阵轻松，一下子站起来了。摸摸刚才粘住他的石头，什么东西也没有，知道是中了女鬼的魔法，他不敢在峡谷里久留，拿起弓箭和火枪赶紧往家里跑去。

在卡布寨和达木寨，我们听到一些关于孤儿和老人被遗弃在荒山野岭的故事，这些故事往往带有浓厚的魔幻色彩，但它们也许是过去年代珞巴社会生活的遗存。特别是有的老年人，年老力衰，失去了劳动能力，成了家庭和社会的累赘，儿女们无力或不愿意供养他们，把他们送到荒山老林，让他们在风雨中自生自灭，结束余生。记得1986年，我在河北省定县的一个民俗展览上，得知在古远年代，当地有将风烛残年的老人送进深山终老的古俗。也许，各民族在某些历史阶段，由于物质生活的贫乏和社会福利的不健全，曾出现过遗弃老人的情况。

## 送上悬崖的老妈妈

门巴族　旺扎

巴底村有个老妈妈，生了九个儿子，儿子们先后长大了，长得很高很大很强壮，他们开始嫌弃老妈妈了。儿子们说："妈妈年纪已经很老了，总不死，我们把她背到悬崖顶上去，让她在那里自生自灭吧！"

先是大儿子背起老妈妈，送到雅鲁藏布江边的山崖顶上，在她身旁搁一竹筒水、一竹筒食物，便回来了。晚上，兄弟九个围着火塘，正在喝蔓加酒，吃玉米饭，木楼的门忽然被推开，老妈妈颤颤巍巍走进来，说："孩子们，我回来了！"一屁股坐到自己平日的位子上，喝蔓加酒，吃玉米饭。

接下来，二儿子把老妈妈放进藤筐，送到又高又陡的悬崖顶上，在她身旁放一竹筒水、一竹筒食物，便下山了。晚上，兄弟九个围着火塘，喝蔓加酒，吃玉米饭。这时，楼门又"嘎吱"一声被推开了，还是老妈妈走了进来，说了声："孩子们，我又回来了！"坐到自己平日的位子上，喝蔓加酒，吃玉米饭。

儿子们送走一次，老妈妈回家一次。最后轮到最小的儿子老九了。他把老妈妈装在藤筐里，背上高高的悬崖，在她身旁放一竹筒水、一竹筒食物，当他离开妈妈的时候，一次一次回头望，心里很是不忍，老妈妈说："小儿子，回去吧！妈妈不会为难你，妈妈再也不会回家了！"

从此，老太婆在悬崖顶上住下来。刮风的日子，她待在那里；下雨的日子，她待在山上；落雪的日子，她还待在山上。老太婆待在山上，变得又黑又瘦，不过她活得很牢实，就是不死。

有一天，活佛德顿·曲吉林巴从山头经过，看见老太婆还好端端地待在山崖顶上，头上长出了两只角，活佛惊呼："不得了了！老太婆成了精了！"

## 被遗弃在荒山上的孤女

恩布

有一个男人，妻子死了，留下一个女儿。后来他又娶了一个妻子，这个妻子嫌弃前妻的女儿，一次又一次地对丈夫说："留着这个女儿，也是个累赘，不如把她弄到深山里去，让她和野兽一起过日子得了！"

刚开始，丈夫不答应，妻子白天唠叨，夜晚也唠叨，闹得木楼日夜不宁，丈夫没有办法，只好屈从了她的要求。

有一天，爸爸把女儿叫出来，让她跟自己到山里挖生姜。

父女俩走一路，挖一路，离家越来越远了。太阳偏西的时候，爸爸对女儿说："孩子，你看，那边山上有一蓬姜苗，你在这里等着，我去把生姜挖下来！"爸爸爬上山，狠一狠心，丢下可怜的女儿，从另一条路跑回家去了。小姑娘在山下等呀，等呀，左等右等，怎么也等不来爸爸。

东山出了月亮，山谷里刮起了风，她好像看见爸爸在招手，又好像听见爸爸在喊她。她奋力向山顶爬去。山很陡，又很滑，尖石划破了她的皮肉，刺柴挂烂了她的衣衫。她还是努力爬，努力爬。可是，爬到山顶，没有爸爸的影子，只有竹子在摇晃；也没有爸爸的声音，只有山风在呼啸。

小姑娘心里好难过啊！她又紧张，又害怕，一个人冷冷清清，孤孤单单，身上又冷，肚子又饿，她不停地喊："爸爸！爸爸！"下雨了，雨很大，小姑娘没有办法，只好躲到一块岩石底下，伤心伤意地哭了。

"小姑娘，不要哭，这里就是你的家！"有个很轻很细的声音，从她耳边传来，她听了又听，看了又看，什么也没有。她又伤心伤意地哭了起来。

"小姑娘，不要哭，这里就是你的家！"又轻又细的声音，就在耳边响起，她仔细看去，是一只小蜥蜴在说话。

"好心的小蜥蜴"，小姑娘问："你的家在哪儿呀？"

"就在这片大石崖里面。"小蜥蜴告诉她。

"没有门，没有窗户，我怎么能进去呀？"小姑娘正说着，只听得"达轧卡"一声响，崖壁上打开一扇窗户，又打开月亮一样的石头门。从石头窗子里，探出一个年轻人的头，小伙子和气地说："小妹妹，不要害怕，这里就是我的家，你想住多久就住多久！"在小蜥蜴的带领下，小姑娘走进石头门，走上石头梯，走进石头的厅堂，厅堂里摆着石桌、石凳、石头用具，有的石头燃着红红的火，有的石头发出很亮的光，又温暖，又明亮，小姑娘便在山崖石屋里住下了。

爸爸把自己的亲生女儿丢弃在荒山上面。回到家以后，他后悔了，他痛心了，他想念女儿了，他不顾妻子的阻挠，出门寻找女儿。他从山谷找到山腰，从山腰找到山顶。一边寻找，一边呼喊着女儿的名字。当他经过那片山崖的时候，高高的崖壁上，忽然"达轧卡"一声响，一扇石头的窗子推开了，女儿的身子从里边探出来，头上簪着绿松石，脖子上挂着金项链，看起来日子过得很不错，女儿说："这里没有你的女儿，这里只有石头人！"

说完，“咔嚓”一声，窗子没有了！女儿没有了！什么都没有了！

## 关在石塔里的流浪儿

仁增多吉

有一位土王，在修一座石塔，怎么也修不起来。白天修，夜里坍；今天修，明天坍。土王非常恼火，命令卦师占卦。卦师占了一阵子，说：“找一个小男孩，关在石塔里，石塔便不会垮了。”

可是，哪个孩子不是父母生，父母养，谁愿意把自己的亲生骨肉，关进不见天日的石头塔里？找了很多日子，一直找不到一个合适的人。有一天，卦师跑来报告：南边的俄拉山上，有一个无爹无娘的流浪儿，我们把他骗进石塔，鬼都不知道，土王把这件事交给了他。卦师悄悄来到俄拉山下，对山上的流浪儿这样唱道：

俄拉山上的孩子多听话，
俄拉山上的孩子多好看，
你饿了我给你红糖白糖吃，
你渴了我给你牛奶、羊奶喝，
你冷了我给你五色衣衫穿，
俄拉山上的孩子下来吧！下来吧！

待在俄拉山上的流浪儿，小小年纪，很乖巧，他看出卦师不怀好意，便这样回答道：

俄拉山上的孩子我不下山，

饿了我不吃你的红糖白糖，
渴了我不喝你的牛奶羊奶，
冷了我不穿你的五色衣衫。
我的阿爸是山上的风幡，
风走了，风幡不会走；
我的阿妈是山间的水磨，
水走了，水磨会长留！

卦师用了种种办法，也没能把流浪的孩子骗下山。最后，派出一队士兵，趁着黑夜悄悄爬上去，逮着孩子，把他关进了石塔。

流浪儿被关在黑咕隆咚的石塔里，每个夜晚唱着一曲曲悲歌。附近的村民，夜夜望着石塔里微弱的灯光，听着孩子唱起的悲歌，没有不伤心落泪的。7 天过后，石塔里的灯光没有了，孩子的歌声也没有了，俄拉山上的流浪儿消失了。

有人说，可怜的孩子死在石塔里了。也有人说，在一个漆黑的夜晚，有个云游喇嘛，边走边敲动法器，从石塔旁边路过，听见一个微弱的声音在喊："救救我，喇嘛！救救我，善心的人！"喇嘛停住了脚步，发现石塔里关了一个小男孩，他运用法术，撬开石头，把小孩弄了出来，带着他走得很远很远，从此再也没有消息。

仁增多吉老人说，这个故事，他是从南迦巴瓦雪山下米新巴珞巴人那里听来的，故事很长，讲述这个关在石塔里的孩子的命运，他只记住了开头。我觉得，光是这个开头，已经很有意思、很完整了。

## （五） 人和野兽原本是一家

珞巴人认为，人和野生动物，原本同根生，原本一家亲。理应互相关爱，互相帮助。在珞巴族原始神话中，老虎和人的关系尤为亲密。相传，天父和地母结合后，生了阿巴达洛、阿巴达尼、阿巴达基嫡亲三兄弟。阿巴达洛自小爱种地，他成了藏族人的祖先；阿巴达尼自小爱打猎，爱吃老鼠肉，成了珞巴族人的祖先；阿巴达基不愿住房屋，爱睡在山林里；不愿吃熟食，只爱吃生肉。夜间露宿山林，盖一些树枝树叶，于是身上长出了密密的花纹，变成了老虎。因此阿巴达基，成了老虎的祖先。如果在山林里遭遇老虎，只要不停地念诵："咱们的祖先是兄弟！咱们的祖先是兄弟！"老虎便不会伤害你，会乖乖地离去。

### 老虎养大的孩子

恩布

村边大树底下，躺着一个小男孩，他在哇哇地哭。山上的老虎听到了，赶紧跑过来问："小男孩，你为什么哭呀？"小男孩说："我爸爸死了，妈妈也死了，没有人养活我了！"老虎说："好孩子，不要哭，我来养活你！"峡谷里的野猪听到了，也赶紧跑过来问："小男孩，你为什么哭呀？"小男孩说："我爸爸死了，妈妈也死了，没有人养活我了！"野猪说："没关系，我来养活你！"

老虎叼了一块肉来了，野猪叼着一把香蕉来了，两只猛兽在大树底下碰了面。老虎说："野猪大哥，这男孩归我养活，请你不要操心了！”野猪说：“老虎大叔，你不会带孩子，还是我来抚养吧！”两位脾气都很凶暴，说着说着便吼了起来。最后达成协议，通过决斗来解决小男孩的抚养问题。

老虎回到山上，咬断很多根青藤，把藤条缠在身上，缠上一圈又一圈，脚和尾巴都裹在里面，像一个周身披挂的将军；野猪也有自己的办法，跳进峡谷的泥坑，往身上敷泥巴，敷一层，晒干一层，再敷一层，只露出一对獠牙和两只眼睛，就像一位金盔金甲的武士。

决斗的时刻到了，老虎从山上冲下来，野猪从峡谷迎上去，它们在林间空地上打斗起来，吼叫声在四山回响，冲撞的声音震得地动山摇，山林里的禽兽奔逃四散，猴子吓得从树上掉下来。

老虎和野猪，从清早斗到中午，双方不分胜负，各自回到自己的地盘，大声喘着粗气，缓过劲儿来了，下午接着决斗。野猪的长牙戳断了老虎的藤条，老虎的爪子抓破了野猪的泥甲，还咬伤了野猪的脖子，野猪斗不过老虎，大叫一声逃跑了，老虎赢得了决斗的胜利。

老虎把小男孩叼回自己的洞穴，尽心尽力地抚养。饿了，给他吃野兽的肉；渴了，让他喝山泉的水。夏天，让孩子披上芭蕉叶；冬天，给他裹上野兽皮。老虎还教给他种种本领，对付森林中的各种猛兽。在老虎的细心抚养下，小男孩一天一天地长大了，长成和老虎一样健壮的小伙子了。有一天，老虎把他领到村边的大树底下，说：“孩子，你长大了，能够独立生活了。你是人，不能跟我过一辈子，你要尽早回到人的世界去。”

小伙子走了，老虎又把他叫回来，严厉叮嘱道：“你回到村里，千万不能说是我老虎把你养大的。如果你说了，不管你声音多么轻，离我多么远，我都会从山上跑过来，把你吃掉！”

小伙子走回村中，村民们都非常好奇，这个说：“孩子，你丢了这么多年，怎么又回来了?”那个问：“是谁把你养大的？又是谁把你送回来的?”不管村民们怎么问，小伙子就是不回答，他越是不回答，村民们越好奇，今天问，明天问；早上问，晚上问，把小伙子都问烦了。

小伙子没有家，只好住在舅舅家。有一天，舅舅把他叫到身边，说：“孩子，这么些年，到底是谁把你养大的？你跟别人不好说，跟舅舅讲讲总可以吧！”小伙子没有办法，跑到门外看了看，回来又把大门关得紧紧的，趴在地板上，把嘴凑到舅舅耳边说：“是老虎”，话还没有说完，只听得“咣啷”一声，那只猛虎从屋顶上闯了进来，叼着小伙子就往外跑，幸好途中小伙子从兽皮袍里滑落，逃回了舅舅的家。

从此，他再也不敢说自己是老虎养大的孩子了。

恩布老人说，这个故事，他是从雅鲁藏布江下游洞工珞巴人那里听来的。洞工珞巴人聚居地区，森林密布，老虎很多。洞工人特别崇拜老虎，关于老虎的传说和故事很多。

## 太阳神的女婿

恩布

有一个男孩，从小失去了阿爸，又失去阿妈，由山中一只凶猛的老虎喂养。渴了，老虎给他喝野兽的血，饿了，老虎给他吃野兽的肉。日子一年一年地过去了，小男孩一天一天地长大了，变得跟老虎一样的勇猛，一样的强壮。

有一天，老虎对他说："孩子，你已经长大了，应该离开我，去闯一条自己的路了！记住，无论你到了什么地方，千万不能说是我老虎把你养大成人的。"小伙子不愿意离开老虎，从早到晚跟着老虎走，围在老虎身边转。老虎发火了，龇开獠牙，伸出利爪，向他猛扑过来。小伙子很害怕，逃出深山，逃出峡谷，逃出平川，一直逃到世界的最边边上。

在雪山和大海相接的地方，小伙子看见一座金色的房子，走进去，屋里空无一人，墙上挂着七件金线织成的袍子，墙边安放七台织氆氇的机子，房中搁着七个装食物的筐子。他把筐里的食物，各自尝了一点，第七个筐里的食物最好吃，又甜又香，他全吃光了。他把机子上的氆氇，各自织了一织，最后一台机子上的氆氇最好织，又软又细，他把它全都织完了。最后，他把墙上的金丝袍取下来，三件垫在地上，四件盖在身上，摊手摊脚，呼呼大睡。

过了不久，天上飞下七只金鸟，进了屋子，变成了七个美丽的姑娘。姑娘们发现机子上的氆氇，有人织过了；筐子里的食物，被人动过了。墙上的袍子，被人扔在地上。她们揭开一件袍子，又揭开一件袍子，发现下面有一个年轻英俊的少年，睡得又香又甜。

姑娘们这个喊，那个推，花了很大工夫，才把他从睡梦中弄醒。小伙子迷迷瞪瞪，看着这个姑娘，又看看那个姑娘，不知自己到了什么地方？发生了什么事情？只是眨着大眼睛。

"你是谁？"一个姑娘问。

"你从哪里来？"又一个姑娘问。

“要到哪里去?”第三个姑娘问。

不管怎么问，他就是不吭声，因为他牢记着老虎的警告。

大姐姐说：“原来是个哑巴！我们把他赶走算了！”小妹妹忙说：“别！别！我们家没有男人，留下他吧！留下他给老爸爸当个帮手。”

“好！好！”姐姐们一齐欢呼起来，“留下他，当我们小妹妹的男人吧！”

就这样，小伙子留下来，和小妹妹结成了夫妻。

早晨，七个姑娘变成七只金鸟，一只随着一只飞上了蔚蓝的天空，小伙子急了，抓住了小妹妹，说：“我没有翅膀，怎么能跟你一起走呀?”小妹妹说：“你挎上弓，带上箭，爬上后面的高山，帮老爸爸打仗去！”

小伙子听从她的劝告，从后面的山往上爬，爬过森林，爬过草甸，爬过崖石，爬过雪坡，最后爬到了云层上面。他看见那里有两座湖，一座白浪翻飞，一座黑波滚滚。从白湖里，走出来一头白牦牛；从黑湖里，走出来一头黑牦牛。两头牛一见面，立刻斗起角来，斗得天昏地暗，斗得你死我活。最后不分胜负，各自回到各自的湖。小伙子看得入了迷，他不知道要帮助谁，对付谁?

傍晚，小伙子回来了。七个姑娘一齐问他：“小伙子，你今天看到什么了?”他说：“高山顶上，白牦牛和黑牦牛斗角，好看得很！”

小妹妹说：“我让你上山帮我爸爸打仗，你干嘛站在一旁看热闹?”

“我没有看见什么老阿爸呀?”小伙子辩解道。

小妹妹告诉他："老阿爸就是白牦牛啊，你要不帮助老阿爸，老阿爸斗败了，我们全家都没命了！"

"姐姐、妹妹别着急，明天我早早上山，一定帮助老阿爸打胜这一仗！"小伙子说。

第二天，小伙子出门上山，小妹妹追上来，取下脖子上的珊瑚珠，挂在他的脖子上，说："我的好人！看见了珊瑚珠，就像看见我本人一样。"小伙子再一次爬到山顶，看见白牦牛和黑牦牛斗得难解难分。白牦牛进，黑牦牛退；黑牦牛进，白牦牛退。眼看白牦牛力气耗尽了，一步一步往后退。小伙子急出了一身汗。擦汗的时候，手臂碰到珊瑚珠，一下子想起小妹妹的嘱托。他取下弓，搭上箭，用老虎给他的全部力气，朝黑牦牛猛力射去。一箭射中了黑牦牛的前胸，血像喷泉一般，喷出好远好远，黑牦牛受了伤，逃回了黑湖。

很快，黑湖里升起黑雾，黑雾里传出黑牦牛失败的嚎叫；白湖里升起白雾，白雾里传出白牦牛胜利的欢笑。一轮鲜红的太阳，从白雾里升起，七只金色的鸟，从天边飞来，围着太阳不停地起舞、歌唱：

哈哟果，哈哟！（舒服呵，舒服！）

乃哟果，乃哟！（高兴呵，高兴！）

回到家，小妹妹告诉他："白牦牛是太阳的化身，黑牦牛是凶曜的化身，凶曜就是天狗。我们七姐妹，是太阳神的女儿，名叫多尼哈依。凶曜要战胜太阳，天狗要吃太阳，给世界带来黑暗，给人间带来寒冷和苦难，多谢你帮助了我们的太阳爸爸，也帮助了我们七姐妹。"

从此，老虎养大的孩子，便成了太阳神的女婿。

恩布老人等讲的珞巴故事，有的是村寨里的小男孩、小女孩，自小流落深山，和森林里的野生动物一起长大。下面我转述其中一则。

## 光身子的小女孩

恩布

猴子、兔子和鹿一起在山林里游逛，看见一个光着身子的小女孩，正趴在一棵果玛树上哭。它们看小女孩很可怜，便把她带回山洞，尽心尽力地抚养。每天给她吃野果，喝山泉，可是小女孩一直没有衣服穿，因为森林里没有棉布，也没有针线。

冬天到了，大雪不停地落，山上山下白茫茫一片。小女孩冷得没有办法，偷偷跑到附近一个村子，躲进人家的干草堆，避一避严寒。她听见屋子里，有个老头儿在跟女儿说话："孩子，你妈妈给人家当佣人，明天要回家了，她给你带了许多吃的、喝的和花衣裳，你到半路上去接接你阿妈吧。"

小女孩把老人的话，牢牢记在心间。第二天，她早早地便在山路边等着。果然，没过多久，一个老太婆背了一只藤筐，慢慢走了过来。小女孩迎上去，说："阿比！阿比！我来替你背吧！"老太婆看了看这个小女孩，一点不认识，又见她光着身子，很可怜。便说："孩子，谢谢！我女儿会来接我的。"小女孩不由分说，接过老太婆肩上的筐，背在自己身上，翻过小山，钻进密林，飞快地跑掉了。一会儿，老太婆的女儿来了。母女俩见面，才知道东西被一个光身子的小姑娘背走了。两个人在森林里找了又找，等了又等，根本找不到光身子女孩的影子，只好自认倒霉，唉声叹气回家去了。

小女孩一口气跑回山洞，打开筐，里面有猪肉，有鸡肉，有米饭团，还有花衣服，花裙子。她把猴子、兔子和野鹿叫来，一起吃了猪肉，吃了鸡肉，吃了饭团子。小动物们帮她穿上花衣衫，穿上花裙子。小女孩好高兴啊，不停地唱呀，跳呀。唱着，跳着，小女孩忽然变成了一只鹦鹉，一只七色羽毛的鹦鹉。她再也变不成人身了。

有一天，老太婆正在自家门口，看守所晒稻谷。一只羽毛美丽的鹦鹉，飞到她的身旁，不停地唱道："阿比亚勃，雪尼达纳！阿比亚毕，亚业达纳！"意思是："老妈妈，猪肉是我吃了！鸡肉是我吃了！衣衫是我穿了！我后悔死了！"老太婆听出来，这是小女孩的声音，想起她光着身子，活在森林里不容易，便把鹦鹉抱过来，搂在自己怀里，说："孩子，你没有阿爸，也没有阿妈，也没有家，还是过来，跟我们一起过日子吧！"

这样，小女孩恢复了人形，和老头儿、老太婆，还有他们的女儿，一块和和美美地生活。

### （六） 山林动物的童话故事

卡布寨和达木寨的珞巴族讲述者，很爱讲鸟兽虫鱼的故事，他们认为这些生灵，大到老虎猛熊，小到鸟雀鱼虫，都有生命，有灵魂，能说话，能唱歌，能跳舞。有喜怒哀乐，有爱恨情仇。他们用各种童话和寓言，来解释森林动物的生活特点，生存习性。我听着听着，往往喜不自胜，自觉别有一番情趣，比起许多著名童话，毫不逊色，有的甚至更胜一筹。

# 自大的青蛙爸爸

旺扎

长满青草的池塘里，生活着青蛙爸爸一家。它的儿子小青蛙，很想到外面走一走，玩一玩，看一看。它把自己的想法，告诉了青蛙爸爸。爸爸听了，很严肃地对它说：“去吧！去吧！我的小乖乖。我并不反对你出去走走，见见世面。你爸爸活到这把年纪了，经历过许许多多的事情，什么世面都见过，什么事情都知道，有一句话一定要嘱咐你：就是在这个世界上，再没有比你青蛙爸爸更庞大、更了不起的动物了！”

小青蛙得到爸爸的允许，高兴得呱呱直叫，三蹦两跳，离开了池塘，它蹦上池塘岸，蹦过小土坑，看见一个庞然大物，正在草地上低头吃草，比自己的爸爸不知大几百倍，几千倍，它有大大的脑袋，胖胖的身子，尖尖的犄角，长长的尾巴。小青蛙感到格外好奇，围着它前面看，后面看，左边看，右边看，看得那个庞然大物不高兴了，“昂”地大叫了一声，声音跟天上打雷一般。吓得小青蛙心惊胆战，慌慌张张地逃回了池塘。

小青蛙对青蛙爸爸说：“爸爸！爸爸！我在外面看到了一个很大很大的东西！”青蛙爸爸很是惊奇，问：“难道比我还大吗?”小青蛙说：“大！大！比你大多了！”青蛙爸爸，瞪了瞪眼，吸了吸气，把肚子鼓了鼓，问：“难道比这个还大吗?”小青蛙说：“大！大！比这还要大！”青蛙爸爸眼睛瞪得更大了，使劲地吸气、吸气，肚子鼓圆鼓圆。问：“难道比这个还大吗?”小青蛙说：“大！大！比这个还要大！”青蛙爸爸有点懵了，它简直不相信世界上有比自己鼓起肚子更大的东西。它的眼睛瞪得更大了，肚子鼓得更圆了，圆得像一个球。问：“难道，难道，比这个更大吗？”小青蛙说：“大！大！”

小青蛙话还没有说完，只听得“嘣”的一声，青蛙爸爸整个地像气球一样炸飞了！

## 爱夸口的公鸡先生

益西平措

有一天，鸡妈妈领着自己的宝贝儿女，在院子里散步、唱歌、跳舞、逮虫子、做游戏，快乐极了。忽然，天空出现一只鹞鹰，围着场院一圈又一圈盘旋，鸡妈妈十分害怕，对自己的丈夫说：“当家的，我们快躲一躲吧！”鸡爸爸一听，气得脸都青了，愤愤不平地说：“呸！这话亏你说得出口！怕什么？对付鹞鹰有爸爸我呢！它有嘴喙，我也有；它有爪子，我也有。它有翅膀，我也有翅膀；它能飞，我也能飞！只要它敢下来，我会把它打个落花流水，狼狈而逃！”

正说话间，鹞子一声尖啸，从空中俯冲下来，公鸡爸爸吓得全身打战，一头扎进刺蓬中躲起来，连头也不敢抬一抬。还是鸡妈妈有经验，赶紧把鸡宝宝拢在自己的翅膀下面，把它们带到鸡笼里隐蔽起来，鹞鹰一看无法得手，只好失望地飞走了。

危险解除了，鸡妈妈走到刺蓬边，说道：“当家的，鹞子飞走了，你还钻在刺蓬里干什么？”好久好久，公鸡先生才问：“孩子被叼走了几个呀？孩子被叼走了几个呀？”

# 青蛙和兔子比赛爬山

仁增多吉

有一只兔子，觉得自己是世界上最聪明、最乖巧的动物，很是骄傲。有一回，它翻过了一座大山，来到墨脱白玛衮地方。在河边喝水的时候，遇到一只青蛙。心想：把青蛙们从白玛衮地方撵走，白玛衮便成为了兔子的天下。它说："青蛙大哥，我们兔子家族，就要到白玛衮安家落户了，快收拾收拾行装，离开这片土地吧！"青蛙听了，感觉很突然，又很气愤，说："我们青蛙家族，世世代代都生活在白玛衮，一直过着和平宁静的日子，无缘无故，你凭什么让我们搬迁？"兔子一时想不出恰当的理由，抬头望见附近有一座高山，说："这样吧，今天一天，明天两天，后天太阳升起的时候，咱俩来个爬山比赛，谁第一个爬到山顶，谁就是白玛衮的主人，谁要是落在后边，就得离开这片土地！"兔子说完，心想青蛙呆头呆脑，不会跑，只会蹦，爬山根本不是自己的对手，自己必胜无疑！

青蛙也有自己的主意，它不是孤单一个，池塘里生活着一模一样的青蛙九兄弟。它回到池塘，把跟兔子比赛爬山的事，跟兄弟们一商量，大家想出了一个绝妙的主意。比赛前，九兄弟悄悄来到山上，分成九个地段，兄弟们各自埋伏一段，一段一段进行接力，对付善跑的兔子先生。太阳升起时，比赛开始了。兔子和第一只青蛙同时起跑，没过多久，它把青蛙甩在身后，可是一眨眼工夫，第二只青蛙又出现在它的前面。兔子心里想，鬼青蛙！跳跳蹦蹦的，爬山怎么这么快呀？

就这样，兔子和青蛙兄弟们轮流比赛，超过一个，又出现一个，超过一个，又出现一个，最后眼看要爬到山顶了，后面并没有青蛙赶来。兔子认为自己的胜利，已经十拿九稳了，正想发出胜利的欢呼，没想到青蛙已经蹲在山顶一块石头上了，说：“兔子先生，对不起，你来迟了一步！”这一下，把聪明的兔子给弄懵了。它找不出自己跑不过青蛙的理由，只好老老实实地承认失败。它怎么也没有想到，它的对手不是一只青蛙，而是一模一样的青蛙九兄弟。

最后，青蛙并没有坚持让兔子离开，而是邀请它们共同在灵山圣水的白玛衮生活，兔子出没在山林，青蛙生活在水畔，它们谁也不欺负谁，一起过着和和美美的日子。

## 秋罗鸟和姑豆鸟

旺扎

树林里，住着一只秋罗鸟，还住着一只姑豆鸟。它们是形影不离的好朋友。

姑豆鸟生了一个蛋。秋罗鸟说：“姐姐！我来替你孵小鸟吧！”姑豆鸟说：“妹妹，你没有孵过小鸟，会把蛋弄破的。”秋罗鸟不听，连声说：“我会！我会！”一下子跳到蛋上面蹲着，果然把蛋弄破了！

秋罗鸟一看闯了祸，展开翅膀便逃出树林。姑豆鸟不依不饶，跟在后面紧紧追赶，要把这件事说清楚。秋罗鸟飞过一片野葱地，唱道：

小葱儿，小葱儿，
我身后飞来一只鸟，

若问我往哪儿飞，

请你说没看到，没看到！

唱完，急急忙忙飞过去了。紧跟着，姑豆鸟过来了，问：

老葱头，老葱头，

刚才飞过的秋罗鸟，

你听到它的叫声了吗?

你知道它的走向了吗?

姑豆鸟叫它老葱头，小葱儿满肚子不高兴，它是爱听奉承话的，便没好气地回答：

秋罗鸟的叫声我听到了，

秋罗鸟的去向我看见了，

可我不想告诉你，

因为你说话不礼貌。

秋罗鸟往前飞，飞过一片野蒜地，停下来唱道：

小蒜儿，小蒜儿，

我身后飞来一只鸟；

若问我往哪儿飞，

请你回答不知道，不知道！

秋罗鸟刚飞过去，姑豆鸟便追来了，问：

老蒜兴，老蒜头，

刚才飞过的秋罗鸟，

你听见它的听声了吗?

你看到它的走向了吗?

姑豆鸟一声一个老蒜头，小蒜儿听了很不高兴，它也是爱听奉承话的呢！便没好气地回答：

秋罗鸟的叫声我听见了，

秋罗鸟的去向我知道，

可我不愿意告诉你，

因为你说话不礼貌！

就这样，姑豆鸟始终没有能追上秋罗鸟，它们的矛盾一直没有能够化解，两个好友从此变成了冤家。

笔者按：据故事讲述者旺扎大哥介绍，秋罗和姑豆，都是门巴话。秋罗是画眉，姑豆是斑鸠。

## 果因虫和热因虫

恩布

果因虫居住在江边，热因虫生活在山林，它俩是最好不过的朋友，果因常常到山上串门，热因有时也到江边做客。一来二去，果因看上了山上羽毛美丽的锦鸡小姐，提出要娶它为妻。它对锦鸡小姐说："山上一点也不舒服，你做我的妻子吧，我把你带到江边去安家。"这下热因虫不干了，说锦鸡是山上的鸟，山林便是它的家园。再说要结婚也只能跟我结，压根就没有你果因先生的份。两个意见不合，发生激烈的争吵，最后决定通过决斗来解决锦鸡小姐的归属问题。

果因和热因不欢而散，回家各自准备决斗的武器。果因用芋荷的杆，做了一支标枪；热因找到一根细竹，制成一柄长矛。到了约定的日子，果因举着标枪，从山下往山上冲；热因紧握长矛，从山上杀往江边。两个在卡布寨北面的勒曲溪边遭遇，仇人相见，格外眼红，你来我往，杀得不可开交。果因武器不行，芋荷杆在打斗中折成了七八段，只好乖乖地认输，最后双方达成协议，果因只能永远待在江边，不准再到山上串门；锦鸡小姐成了热因虫的妻子。锦鸡从此不到江边去，以免果因虫打它的主意。热因是这场决斗中的胜利者，无论山间，还是江边，它都可以随意来往。

果因虫失去了自由，又失去了爱情。人们从江边经过，随时都能听到它的哀鸣："果因！果因！俄呵！俄呵！"意思是："果因虫，我哭！我哭！我只有哭！"

## 会做饭的母鸡

仁增多吉

有一只花母鸡和野猫帕斯岗交上了朋友，它俩是在村边草地上打滚时认识的。一天，野猫对母鸡说："鸡妹妹，咱俩合作开一块连心地，种一些鸡爪谷，秋天收了谷子，咱俩一起吃蔓加饭，一道喝蔓加酒，多安逸！"

"可以！可以！"花母鸡连声应承，激动得鸡冠子都有点红了，它为自己有这么个有绅士风度的男友而自豪。

它们挑选了一个吉祥的日子，搭档到河边去开地。没干多久，野猫便心灰意冷了。不停地抬头看天上的太阳，对母鸡说："鸡妹妹，都说你的饭菜做得好，能不能做一点让我尝尝？"

"好的！好的！"母鸡不住地点头，乐颠颠回家做饭去了。它要好好款待一下野猫先生。

母鸡一走，野猫更没有心思挖地了。悄悄跟在后面，跳上母鸡的木屋，偷看母鸡做饭。这时，母鸡正在厨房里忙得团团转，煮好了雪白雪白的米饭，兑好了香甜的米酒，炉子里的火，生得旺旺的；炉火上的锅，烧得红红的，不过锅里什么菜也没有。正当野猫诧异的时候，只见母鸡待在炉灶旁，“咯哒”一声，下了一个蛋；“咯哒”一声，又下了一个蛋，一眨眼工夫，下了一堆白花花的鸡蛋。往下，情形更精彩了。母鸡跳进炒锅，往左边打个滚儿，又往右边打个滚儿，身上滋溜滋溜地渗出鸡油，一会儿鸡油渗出了小半锅。接下来，母鸡开始煎鸡蛋，“吱罗”“吱罗”，煎好一个；“吱罗”“吱罗”，又煎好一个。焦焦的，黄黄的，香味儿不停地往外窜，野猫馋得口水把胡子都打湿了。野猫看母鸡做好了饭，一口气溜回河边，东抓抓，西踹踹，装作很卖力气的样子。

“野猫先生，饭做好了，请到我家用餐吧！”母鸡跑出来邀请。

“其实，我也不怎么饿，再干一会儿没关系的。”野猫装模作样地说着，说完，丢下工具，抢在母鸡的前头，进了屋子，坐上餐桌，不用主人招呼，一边吃，一边喝，米饭吃光了，米酒喝完了，煎鸡蛋消灭得一个不剩，便躺在地上呼呼大睡，直到太阳落山才醒过来。

第二天，它俩又到河边挖地。快到中午了，母鸡准备回家做饭，却被野猫友善地阻止了。它说：“母鸡妹妹，今天的饭，不必劳顿你了，我亲自来露一手！”

“谢谢！谢谢！”母鸡很高兴，它很崇拜野山猫，觉得它做的饭菜一定比自己的好！

野猫从来没有做过饭，今天它想在母鸡面前，显显自己的能耐。它想：做饭没什么了不起，昨天母鸡那一套，通通被我看到了，反正它怎么做，我也怎么做，错不了！它走进母鸡的家，仿照母鸡的办法，煮米饭，兑米酒，把炉子生旺，把菜锅烧红，然后自己跳进锅里，左边打个滚儿，右边打个滚儿，不过这一下，不但没有渗出半点油星来，倒是把身上的毛烧焦了。野猫被烧得火急火燎，要不是它跑得快，差一点连小命也玩完了。

野山猫非常生气，认定是母鸡在欺骗它、陷害它，想要它的命，恨不得一口吃了花母鸡才解恨！花母鸡正在河边很卖力地干活，嘴里还哼着劳动歌，看见野猫跑过来，连忙迎上去问："野猫先生，饭做好了吗？咱们吃什么呀？"没想到野猫变了脸，恶狠狠地吼道："吃什么？吃你这个鬼母鸡还差不多！你把我给坑惨了，差一点要了我的老命！"

花母鸡不知野山猫为什么生那么大的气，又见它皮毛焦黑，像个可怕的黑鬼。正准备向它问清楚，没想到野猫"噌"地朝自己扑来，要不是母鸡躲闪得快，脖子就被咬断了！

从此，野猫把母鸡当成了仇敌，每次看见母鸡，便拼命地追，拼命地咬。而母鸡呢，当然只好拼命地逃奔。不过，它一直不明白，野猫帕斯岗先生，为什么这样恨它，非致它于死地不可。所以它一边逃，还一边问："为什么？为什么？到底是为什么？"

## 恩布老人的狩猎生涯

在卡布寨期间，发生了两件不大不小的事，都跟打猎有着密切的关系。

## 从吃野猪肉说起

卡布寨党支部书记布多，看我们千里迢迢来到他们的家乡，一没有肉，二没有油，每天都是盐水煮辣椒，很是过意不去。尽管当时正值雨季，并非打猎时节，树木枝叶繁茂，森林一片青绿，很难发现野兽的踪影，再加上天天大雨滂沱，猎人和猎狗全身湿透。白天没地方藏身，夜里没地方睡觉。可布多书记还是骑马挎枪，带着打猎小组，冒雨进入了深山老林，摸爬滚打整整三天，才猎获了两头不大不小的野猪。他派一个猎手，先期把野猪肉送回村寨。依照传统习俗，全寨各家各户都能分到一份野猪肉。于是，村寨沉浸在一派欢快、热闹的氛围中，煮肉的香气在山村处处弥漫，让我简直有点垂涎欲滴。《论语》中记载："孔子在陈，三月不知肉味。"我在墨脱，也有十来天没有沾到油腥了。

正在这时，会计德新措姆，提着一条野猪腿，笑嘻嘻地来到我们的住处，说："这是书记布多从山上捎来的，让老师们滋补滋补身体。"我们接过猪肉，真是喜不自胜。房东噶钦老人把猪腿切成碎块，又加上许多当地山上产的黄蘑菇，炖了满满一石锅。我、次旦多吉、益西平措，还有噶钦老人全家，围着火塘，美美地吃了一顿，野猪肉清香肥厚，我们的肚皮都快撑破了。

我们把余下的半条野猪腿，挂在住房的梁柱上面，准备继续享用。万万没有想到的是，就在当天夜里，我和次旦多吉睡的小屋，遭到了无数只猫的围攻。有的在屋顶号叫，有的在门外爪刨，有的从门缝往里硬挤。弄得我俩通宵达旦惊恐不安，不知出了什么可怕的事情。第二天早起才发现，是半条猪腿的气味，把全寨子的猫都召来了。为了避免再遭受猫的攻击，我们决计当天就把野猪肉全部吃掉。次旦多吉提着猪腿，走到村旁的山溪边，在清澈的溪水中细心清洗，又一桩奇怪的事情发生了。原来猪腿肉里里外外，全是白花花的蛆虫，一嘟噜一嘟噜，密密麻麻往外钻，洗掉一层，又是一层，我只感到阵阵恶心，差一点呕吐，决心打死我也不吃它了。回到木楼，次旦多吉和益西平措，弄来一块石板，搁在火塘上面，烧得通红通红，把肉切成一片一片，放到石板上仔仔细细烤，烤得又焦又黄，香气四溢，在肉片上撒一些盐和辣椒面，一边吃着，一边念叨：“蛆就是肉，肉就是蛆，不吃白不吃，谁不吃谁倒霉！”坐在一旁的我，抵制不了诱惑，也跟他们一道大嚼起来。

正当我们大吃野猪肉的时候，只见恩布老人急匆匆地走进来。他和阿爸噶钦是亲兄弟，因为恩布老人脾气古怪，两家来往并不多，现在亲自登门拜访，倒让噶钦家人有些诧异。他进门之后，用珞巴话和益西平措叽里咕噜讲了一阵子，我听不明白其中的意思，不过见他语气沉重，情绪有些激动，心想一定是发生了什么事情。没等益西平措翻译，老人便用藏话跟我们说了起来，意思是：他在山那边的江玛浆果树下，装了一支弩箭，早上打发两个孩子去看了看，弩箭不见了，一定是射中了什么大东西，他必须要上山寻找，今天不能讲故事了！

下午晚些时候，恩布老人捎来口信，让我们去他家，走近他的木屋，看见台阶上摆着一个巨大的熊头，院子里挂着一张黑熊皮，熊皮破了好几个大洞。老人说，今天上午，他在山上找了两个多钟头，找到了一头被毒箭射中的大熊，已经死去两三天了。他把熊驮回来，发现熊皮已经腐烂，熊肉开始发臭，熊胆、熊掌已经没有用了。他把熊肉分给全寨各家各户，就是没有敢送给我们，担心我们吃了生病。因为给我们讲故事，竟让老人延误了发现和寻找猎物的时间，使他遭受到巨大的损失，我为此一直心怀歉意。

正是这接二连三的事件，使我的兴趣转移到了狩猎方面。卡布本是墨脱最典型的狩猎山寨，全寨的男子几乎都是猎人。这里保存着世代相传的狩猎习俗，又有像恩布老人这样全墨脱最优秀的猎人。于是，我们把讲故事的事暂时停下来，请恩布老人介绍珞巴猎俗，还有他本人的狩猎经历。

## 卡布珞巴人的猎俗

恩布

墨脱深山老林，栖息着数不清的珍禽野兽，主要有老虎、雪豹、黑熊、野猪，有被称为喜马拉雅野牛的扭角羚牛，有被称为山牛的赤斑羚牛，还有猴子、山羊、岩羊、草鹿、獐鹿、麂鹿、松鸡、马鸡、野鸡等等。

珞巴族是个狩猎的民族。在整个墨脱地区，以卡布、梅日、朱巴三个珞巴寨子的猎人最为勇敢、最为出名。打猎有集体出猎和个人出猎两种形式。集体打猎每年上山两次，一次是春天的正月到三月，一次是冬天的十月到十二月，每次两至三个月，都是在旱季进行。

每回集体打猎，寨子里的猎人全体出动，他们要选出一位“俄奔”。“俄奔”是打猎的首领，既要有丰富的经验，又要有很高的威信，全体猎人，都得听他的调动和指挥，好像一个部落的首领，一支军队的统帅。多年以来，恩布一直是卡布寨的“俄奔”，附近几个村寨联合狩猎，猎人们都乐于服从他的指挥。

过去的年代，珞巴人没有靴子，也穿不起靴子，平日里打赤脚，进山打猎的时候，用山羊毛织的毪布，在腿脚上裹三层，白天穿山越岭，夜里解下来，在篝火上烤干，第二天再裹，打猎日期定下后，全体猎人静静地待在家里做准备，不准争吵，不准打斗，不准歌舞，甚至不准和女人同房。

俄奔和寨子的猎人，要举行请灶神的占卜仪式，仪式在俄奔家的火塘边进行。灶神据说是猎狗的灵魂，从这里可以看出猎人和猎狗的亲密关系。俄奔把猛兽的头骨和野牛的犄角，从墙壁上取下，供在火塘周围，洒上一些鸡血或猪血。在火塘中煨烧果玛树和兼巴树叶子，一边煨烧，一边由俄奔或巫师念请灶神的歌咒。这些歌咒的词语，恩布老人专门进行过演示，我在前一节中已经引用过了。当天夜里，俄奔和老猎人们睡在火塘周围，据说夜深人静，可以听到“勾呜勾呜”的狗叫声。第二天清早，灶神便会在炉灰上面，画出种种图画，显示打猎的方向、猎场的位置，哪些野兽会在山林出没，等等，帮助俄奔下定决心，制定打猎计划。

出发的那天，猎手们身穿猎装，脚蹬特制的猎靴，腰挎长刀，身背火枪和弓箭，带着欢蹦乱跳、兴奋不已的猎狗，正像兵士们开赴前线英勇杀敌一样。一些家中派不出猎手的家庭，纷纷给打猎队送上鸡、猪，还有一筒一筒的玉米酒和蔓加酒。这些既是猎人们在山上的食物，又是祭神的祭品。

打猎队离开村寨，各个猎手的家，都在木楼门口插上新鲜的树枝，表示拒绝生人登门探访，以防妖魔鬼怪入内，危害打猎人的身心，影响打猎的收获。

打猎队登上高山，先找一个山洞安营扎寨。这个洞必须比较宽敞，既要容纳全体猎人吃住和祭神，又要有地方烤干和贮存猎物。进洞后的第一件大事，便是供养和祭祀猎神。

卡布、达木等地珞巴人信奉的猎神，名叫夏达·日嘎拉姆，这是一个带有藏族特色的名字，意思是野兽的主人、山林的女神。相传她手下还有多位神灵，分别牧放和管理各种森林野兽。例如，管理扭角羚牛的神名叫色令姆琼。

同样是珞巴人，却有不同的山神和猎神。米林县的博嘎尔珞巴部落崇信的猎物所有者叫顿青扬奔，野兽守护神叫布德刚德，野兽的牧放者叫贡布夏布。它们都带有浓郁的原始神话色彩。

祭神仪式由猎人首领俄奔或者随行巫师主持。他们在火塘煨烧果玛树叶，让袅袅的青烟飘上天空，召请各位山神、猎神和野兽守护神，主持人在地上摆九个小竹筒，每个竹筒里供一个鸡蛋。一边唱起请神歌，一边抛撒糌粑和玉米粒，然后从竹笼里，取出一只鸡，一刀砍下它的脑袋。鸡头落地时，所有猎手一齐蹲下，观察它显示的情形，是朝东，还是朝西？是朝南，还是朝北？是张嘴，还是闭嘴？是啃了土，还是啃了树叶？看过鸡头，再看鸡舌，再看鸡肠，再看鸡肝，这种风俗称为杀鸡问卜。

珞巴猎人杀鸡卜卦的来历，还有一个古老的神话。相传珞巴人的祖先阿布达尼，原本有三只眼睛，前面两只眼睛看人间，后面一只眼睛看鬼蜮。有一次，他和魔鬼吉波让波决斗，后面的眼睛被吉波让波打落，一只鸡吞进肚子里，从此鸡族便有了预知鬼物活动的能力，也是珞巴人杀鸡问卜的原因。

恩布老人在讲述之余，专门为我们演示了一次祭神仪轨，唱了请神歌，我把部分词句做了记录。

嗦，
住在雪山上的雪山神，
住在江河里的江河神，
住在悬崖上的岩石神，
还有依附在斧头把子那么小的
树木上的树神啊！

山林一切野兽的守护者，
女神夏达·日嘎拉姆啊！
骑在扭角羚牛背上的，
时隐时现的色令姆琼神啊！

白额头的公羚牛是你的牲畜，
黄背脊的母羚牛是你的牲畜，
请把不好好吃草，
专吃草尖尖的牲畜给我们吧！
请把不好好饮水，
专门弄浑水的牲畜给我们吧！
请把不好好驮运，
专门撂驮子的牲畜给我们吧！
请把不好好耕地，
专门毁庄稼的牲畜给我们吧！
请把抵垮石头围栏的牲畜给我们吧！

请把扰乱森林安宁的牲畜给我们吧！

请给我们山上罗朗树叶子一样多的牲畜好吗？
请给我们打场时青稞一样多的牲畜行吗？
请给我们一个让人高兴的数目好吗？
请给我们一个让人满意的数目行吗？
请给一百个男子汉背不动的肉好吗？
请给一百头壮牦牛驮不动的肉行吗？

我们的供品不会给别人吃，
我们的米酒不会给别人喝，
我们的供品要献给，
住在云雾里的雪山神阿爸热巴楚古，
住在大树上的森林神阿妈阿玉色索，
还有他们的公子岩神多吉扎松，
还有火镰火石之神帕纳青波，
还有寺庙守护之神曲穷松玛，
宽宽的天有一半归他们管，
圆圆的地有一半归他们管
神、鬼、人都归他们管；
有好处要报答，我们记住了，
给东西要奉还，我们记住了，
请帮助我们！请庇护我们，神啊！

祭神仪式之后，猎人首领俄奔和所有的猎人，根据自己的经验和杀鸡问卜的预示，确定出猎的地点、方位和时间安排，开始了打猎的行动。按照传统方式，猎人有明确的分工，有的人使狗，有的人用弓箭和火枪射猎，有的人搜索和搬运猎物。卡布和达木周围的山上，各种野兽很多，当地猎人最热衷于射猎的，是一种名叫“则涅”的喜马拉雅山野牛，学名叫扭角羚牛，这种羚牛躯体庞大，一头中等羚牛，体重达三四百斤，油脂肥厚，肉味鲜美，是当地民众最喜爱的食品。羚牛性情不像老虎、雪豹、野猪和熊那样凶猛，只有逼急了的时候，才用弯曲的犄角顶人。羚牛喜欢群体活动，往往数十只、上百只成群结队，悠游于雪线以上的高山草甸之间。牛群活动的时候，总要放出单只的公牛担任警戒，闻到猎人燃起的烟火味，赶紧跑回牛群报告，牛群听到警讯，慌忙从低处向高处奔逃，有时逃入积雪区，行动困难，猎人们利用这个机会，召唤猎狗，迅速阻挡和射杀羚牛，能取得意想不到的收获。

猎杀野兽后，猎人抽出匕首，把猎物的肚子划开，以防尸体膨胀腐烂，兽肉变质。因为墨脱地处亚热带，即使冬春两季，气温仍然很高。按事前的分工，猎物由专人运回山洞。猎人返回山洞后，立刻着手肢解和处理猎物。划开猎物的胸腔，取出心窝的血，舀进木碗，撒上辣椒面、盐巴，还有糌粑粉，趁热三口两口喝进肚里。有时打开猎物的脑门，取出脑髓，照样撒些辣椒面、盐巴和糌粑粉，也是迅速吞下。据说野兽的心血和脑髓，能强筋健骨，补心补脑。猎人们还打开羚牛的胃，取出胃里的存留物，带回村寨分送各家各户作为调味品。他们说，羚牛胃里都是刚发过酵的高山药草，如同味精酱油。

接下来，分配猎物。先要分出箭肉和猎狗肉，射箭或打枪的人，要多分一份箭肉，箭肉的内容各地并不相同，卡布的箭手或枪手，猎熊可以得到熊胆，猎杀羚牛，可以得到牛头和部分脖颈肉；兽皮归属猎狗的主人。最后，猎人把猎物分割成条状或块状，挂在山洞熏烤，防止其腐烂变味。猎物处理完毕，猎人们在山头燃放烟雾，通知村寨家家户户上山背肉。全寨的人，不管家里有没有猎手，都能平均分到一份猎物。

猎人们打猎一天，一般要歇息一天。找一片山间草地，拿出村民送上山的鸡肉和猪肉、米饭团，还有玉米酒和蔓加酒，大家又吃又喝，讲故事，做游戏，歌舞狂欢。珞巴民族的神话、史诗和故事，大都是在这样的场合讲述和传承的。接下来，大家精力充沛，重新投入狩猎活动中。就这样，猎人们在高山上奔跑、呼喊、围堵和射击野兽，肢解和熏烤兽肉，日复一日地追猎着野兽，转移着猎场，直至村寨最近的山林，才宣告一季狩猎活动的结束，像凯旋的战士一样回到村寨，当然他们会受到全村民众英雄般的欢迎。

打猎队回来，当然会有种种欢庆的民俗活动，其中最重要的是念经谢神，藏话称为“古龙”。按照珞巴人的观念，山上的野生动物都是山神和猎神的牲畜。他们猎取了神灵的牲畜，一定要想办法补偿和酬谢。首先要把历年保存的野兽头骨、犄角、下颚，供在祭神的场地。同时要宰杀不同数量的家畜，猎获的野兽越多，宰杀的家畜也越多，鸡和猪当然首当其冲，甚至还有宰杀巴敏牛的。宰牲祭神的肉，约请全寨子的男女老幼共同享用，吃不完的，用芭蕉叶包好，由村民们带回，表示全部祭品，都被山神和猎神领受了。下次他们一定会给他们更多的牲畜，也就是更多的猎物。

讲过珞巴猎人的狩猎习俗，恩布老人又用一种带着特殊感情的语调，回忆自己的打猎经历（俄当），如同吟诵一部充满传奇色彩和冒险精神的英雄史诗。白雪皑皑的南迦巴瓦峰，就在卡布村外不远的群山之上巍然挺立，雅鲁藏布江也在山下发出战鼓似的轰鸣，更增加了谈话的神秘气氛。

讲起打猎，老人沉吟了好长时间，神情有点古怪，两只小眼睛，骨碌骨碌盯着我们转，好像我们是一只只与他周旋的野兽一般。其实，他是在回顾自己长长的打猎生涯，搜索那些久远年代的记忆。接着，他开始讲述了。可以说口若悬河，话语如行云流水，语气时而高昂，时而低沉，时而柔和，时而激烈。内心充满了热情和激情。他从不把野兽看成单纯的野兽，当成被动的猎杀对象，而是有思想、有感情、有喜怒哀乐、有爱恨情仇的生灵，他把野兽当成朋友，当成亲戚，当成与自己打交道的对手，甚至当成恩恩怨怨的情人。其实，每一次打猎，都是人与野兽勇气和智慧的较量。说到野生动物的保护，老人说，过去我们珞巴人，一没有粮田，二没有菜地，三没有衣穿，衣食住行，全靠从森林中索取，全靠从打猎中得到。再说，过去猎人数目很少很少，森林里野兽很多很多，打猎的手段，主要是弓箭，后来才有了火枪，猎杀的野兽有限。如今，我们有了粮田，有了菜地，有了钱花，衣食住行不再仰仗打猎，有时套套獐子，打打野物，完全是一种乐趣，贴补贴补生活。如果把森林弄空了，把野兽打光了，人类没有了亲戚，没有了朋友，活在世界上也没有意思了。

通过这些，我觉得恩布老人不仅是一流的民间诗人和故事讲述家，更是一流的猎手。

有一天，他跟我们讲起猎杀一只羚牛和三头野猪的往事。

## 射杀北山雄劲的羚牛

恩布

卡布寨北面的山，山高林密，奇峰兀立，来回都要过一条瀑流飞泻的河，河上有一道高挂山间的溜索桥，平日空着手也难过去，猎获了各种猎物更难运回来，所以卡布猎人很少上北山去打猎。

有一天，一个猎人跑来找我，神情很紧张，说他在北山射中了一头大羚牛，很凶猛，很威风，一眨眼便不见了，请我去帮他找一找。我说："你是不是射中了？"他说："凭太阳和月亮起誓，肯定射中了"！这样，我跟他进了北山，在密林沟谷间仔细寻找。

走着走着，突然看见一头巨大的羚牛，从我们面前不远的地方飞奔而去，跑得比狗还快，我俩跟在后面追，怎么也追不上。察看地面，一没有血迹，二没有折断的箭杆。若被毒箭射中，动物身上疼痛难忍，便在树林岩石中乱窜，容易将箭杆碰断。后来在一面山坡上，发现有什么东西，压倒一大片野草。我知道，羚牛是不会躺在地上的，肯定是受伤了，才会倒地。我发出几声呼叫，把伙伴招来。这时，前面不远的密林里，树枝左摇右晃，好像山风吹过一般。我说，羚牛一定在那片林子里，我们赶快去找！伙伴说，现在不能去，那家伙太大了，太凶猛了，被它撞上，就没命了。还是找一个地方待下来，等它死了再说吧！我说，林子太大，沟谷太深，树木太密，不能等它死，死了便难寻找了。

伙伴不敢去，我只好独自前去。林子里遍地是矮树和刺柴，根本走不进去。我看见一株十多丈高的大树上，爬满了青藤，便抓住藤子，跟荡秋千一样，一段一段地往密林中间荡过去，最后荡到一块三层楼高的大石堆上，低头，发现大羚牛就待在石堆附近，鼻子里呼哧呼哧地喷着热气，我从石头上往下射了一箭，羚牛蹦起来，钻进树丛，没影了。我紧紧跟在后面，不要命地追赶，树枝、尖刺、蜘蛛网，什么都不顾了。突然，我看见那个家伙，瞪着两只血红的眼，就立在我面前，泥塑石雕似的，纹丝不动。我以为它完蛋了，抓起一块石头，朝它的额头猛砸。没想到羚牛大叫一声，好比电影里的坦克车，连吼带跳飞奔过来，一头顶住我的身子，把我撂起一人多高，掀翻到一两丈远的地上。我痛得哇哇叫，好像全身的骨头都摔碎了，受伤的羚牛并不罢休，再一次来顶我，我顺势一滚，滚到一堆乱石旁边，它扑空了。我用石堆做依托，悄悄地摸出箭，抬起弓，等它第三次向我进攻的时候，拼出全身的力气，射了一箭，又射了一箭，两箭都射中羚牛的额头，羚牛在树林里折腾了一阵子，最后倒下了。

我爬上大石崖，打起呼哨，招呼伙伴过来，他不敢靠拢，待了整整一袋烟的工夫，认定猎物真死了，才跟着我走过去，开始收拾这头巨大而凶猛的羚牛。

## 和凶残的野猪过招

恩布

墨脱高山中的野兽，羚牛还是比较好对付的，除了老虎和雪豹，最凶猛、最难对付的应当是熊和野猪了。遭遇熊和野猪，不死也要受伤。所以我们这里，有这么一句口头语。有人想去猎熊，别人便会问："家里有人侍候伤员没有？"有人想去打野猪，别人便会问："家里有人顶替支差没有？"意思是，猎熊有可能受伤，打野猪可能致命，不能不防。

野猪最喜欢在田土附近、村寨周围、山沟峡谷活动，石岩、山洞、刺蓬深处有它们的窝。野猪有三个最可怕的特性：一是像闪电一样快速奔突；二是像魔鬼一样神出鬼没；三是像豺狼一样残酷无情。受了伤和哺育幼儿的野猪，变得更凶猛、更疯狂。野猪有两只獠牙，又长又锋利，跟两把利刃差不多。野猪的鬃毛像无数支钢针倒竖，它的皮子比铁甲还要坚硬，一般的猎人对付不了它们。往年，我们卡布寨周围，出现了凶狼、巨大的野猪，都请我来对付，有人说我是野猪的克星。

有一回，我的一个堂兄找来了，说他家的玉米地里，来过一头野猪，糟蹋了不少粮食，请我帮帮忙，装上几支弩箭，对付那个东西。我去了，装了五支毒箭，约定第二天清早去查看。

我们两家住得很近。第二天一大早，天还没有怎么亮，毛毛细雨落个不停，我看见堂兄冒雨出去了，过了一阵子回来，和他的女人各背一只大筐往外走。我想他一定看到了什么，也把妻子叫起来，跟在他们后面上玉米地。半路上，遇到一个身强力壮的老头儿，问我们这么早干什么去？我说砍柴去，他说，正好！我也要砍柴，跟你们做个伴。我说，我们不是砍柴，是到河里逮水獭。他说，正好！我也想逮水獭！我心里想，真的是射中了野猪，也要有人背肉，便把实情告诉了老头儿。

还没走到玉米地，只见堂兄和他的女人，慌慌张张地往回跑，上气不接下气地说："大家伙！大家伙！"我让他俩不要紧张，先去查看了五支毒箭，有一支不见了，走了不远，果然发现岩石下面，立着一头大野猪，正用恶狠狠的眼神盯着我们看，我捡起一块石头，用力砸了过去，野猪呼地一下，跳进山涧，跑得无影无踪！我说野猪已经中箭了，应该赶快去找。堂兄和那老头儿都说："不去，不去，要去你自己去，我们不去！我们害怕！"他俩在涧边草地上坐下来抽烟，一个抽旱烟，一个抽鼻烟，说是等我的消息。

我没有办法，只好独自行动。沿着山涧一步步往上走，一边走一边细心察看，山脚瀑布下面，有一阿贡玛刺树蓬，黑压压、阴森森一大片，我想野猪可能藏身在里面，先准备了五支箭，再抓起石头不停地砸向刺蓬。刚开始没有什么动静，扔到第三块石头，野猪哗啦啦一下子冲了出来，朝我猛扑，我射了一箭，没中！又射了一箭，又没中。不过我的第三箭，稳稳地钉在了野猪的额头。野猪一声狂吼，回头便跑，我没有迟疑，紧跟在后面追赶，又射出两箭，到底把它干掉了。

还有一次，我的表弟跑来，说他的弩箭射中了一只野猪，让我帮他去寻找。我问："真的射中了吗?"他说："月亮作证，的的确确射中了，箭也被它带走了！"我们一起到了山上，看见一片矮树林里，有些枝叶在晃动。我想是野猪在折腾，一头钻进矮树林，还没有站稳，一头母野猪发了疯似的，呼哧呼哧向我奔来，张开大嘴，对准我屁股就咬！我看形势不好，掉转身子便跑，没跑多远，跑不动了，栽了一个大跟斗，好像后面被人死死拉住，又好像衣服让什么东西绊住了。回头看，原来是那只野猪，咬住了我袍子的后摆。当时我年纪轻轻，力大无穷，腰里别着一张弓，又大又硬，还有铁角。我取下弓，拼命抽打野猪，野猪吓了一跳，松了口，我顺势爬上一片石崖，野猪跟着爬了上来，我又爬上崖石上的一棵大树。

我从树上朝下看，野猪张开大嘴，龇出獠牙，恶狠狠地望着我。脑袋左摇右晃，我知道这是毒性发作的迹象，想用箭射它，这时才发现，我的弓掉了，箭筒也掉了，散落在崖石下边，如果下去捡，野猪一定会把我咬死。我灵机一动，趴在树上对着野猪大叫，野猪也从树下对着我吼叫，我吼，它也吼；我叫，它也叫，只叫得山摇地动，回声在山林和峡谷震荡，我的表弟远远地站着，吓得赶紧爬到树上躲起来。我这么叫喊，让野猪分了心，我飞快地从树上溜下来，先捡起弓，又捡起箭，等野猪发觉，我又爬到树上了。

我从树上瞄准野猪，先射了一箭，又射了一箭，两箭都射中了它的额头，这头母野猪折腾了很长时间，最后倒下了。

再有一次，我女儿扎西卓玛，还只有一点点高，刚刚能背一个小筐子，到刀耕地掰玉米。我这个人，有一个习惯，只要出门，总是弓箭不离身。我把女儿留下来掰玉米，自己沿着小路，转到刀耕地后面，察看那里的庄稼。我猛地发现，一头又大又雄壮的野猪，正在那里大嚼玉米棒子。我抬起弓，顺势射了一箭，箭的力量太大，野猪打了一个趔趄，一屁股坐在地上，又翻身爬起，跑得无踪无影。

我把扎西卓玛领回家，叫上邻居纽布大叔、旺堆大哥，还有一个小伙子扎西。几个人分头寻找，走到一处山洼，那只受伤的野猪，冷不防窜了出来，把纽布、旺堆和小扎西都撞倒了。又对着我冲过来，一嘴打在我的右手上，痛得我钻心裂骨，只好哇哇大叫，事后看了看手，骨头还没有断。我抓起石头猛砸，野猪害怕了，钻进阿工玛刺树丛中的野猪窝，再也不肯出来。

我管不了那么多了，壮了壮胆子，像蛇一样，爬进黑咕隆咚的刺树林，看见两只绿莹莹的眼睛，在里边忽闪忽闪。我挽弓搭箭，对准它的额头，防备它的突袭，相持了十多分钟。野猪一下子冲了过来，嘴巴张得很大，至少有一肘高，我对准它的喉咙，一箭射了过去。野猪中了毒箭，变得更加狂躁不安，冲出刺蓬，连蹦带跳，窜到雅鲁藏布江边，眼看要掉进江水里了。

我心想，不能再射箭，野猪再中箭，肯定会滚落大江。便轻手轻脚走过去，用一根青藤，绕成一条套索，巧妙地把它套住，终于活捉了这头大野猪。

## 在达木珞巴寨采录故事和民俗

在卡布寨待了 12 天，每天听恩布老人，还有旺扎大哥、房东嘎钦老阿爸讲述珞巴神活、故事和传说。离开之前，恩布老人用了两三天时间，讲卡布猎俗，讲自己的猎史，演示了打猎祭神的过程。1982 年 8 月 21 日，我们告别卡布的父老乡亲，出发去达木寨，继续珞巴村寨采风行程。

达木坐落在卡布的西边，两地相距不远，只有一两小时的路，穿过几处山林，跨过几道急流，便到了一个竹木萦绕、溪涧奔流之所在，这就是远近闻名的达木珞巴寨。达木是个美丽的寨子，座座木楼高低错落，周围是菜园、桃园、香蕉园，还有翠绿翠绿的楠竹林。而较远的地方，布满层层梯田，稻秧一片青绿，村民们在稻田中耕地除草，阵阵农歌，此起彼伏，抒发出深山边寨的边民们对幸福生活的向往和内心的欢乐。

我们被安排住在白珠老人的木楼。他的年纪和卡布的嘎钦阿爸差不多，也是六十多岁。个子高而瘦，额头有一块大疤，形如刀劈，我以为是与猛兽搏斗留下的伤痕，结果不是，是长了一个疮，解放军医生为他动了手术，虽然死里逃生，却留下一个明显的印记。他家木楼的结构和卡布寨大同小异，只是稍微新一些。我们住进去以后，这座木楼很快便成了全寨子注意的中心，从早到晚人来人往不断。全村的小孩和狗，差不多都在我们住地集中，也许是村寨很少有外人来，特别是像我们这样专门来听故事、记故事的人。跟卡布一样，村民们陆续送来四季豆和各种水果，都是用竹盒装好，趁我们不在，摆在木楼的楼梯上。因为找不到送瓜果的人，我们只好在每只竹盒里，放上一两块钱，作为回报，没有人的时候，他们悄悄把竹盒取走。时间长了，我发现有一个老阿妈，每天都来送瓜果，对我们并不避讳。

有一次，我把老阿妈每天送果菜的情形，告诉了房东白珠老阿爸，阿爸叹了一口气，说："这个老太太，名叫朗杰卓嘎，她是一个藏族人，达木寨的第一贫困户。旧时代她是乞丐，一年到头四处流浪，昌都、波密、林芝地区都跑遍了，后来来到墨脱白玛岗，定居在我们达木寨，日子一直过得很艰难很艰难，她生过三个孩子，两个夭折，留下的一个又是残废，现在三四十岁了，生活不能自理，一切的一切，全都靠自己年老的阿妈。每回村里来了外人，老太太便不断地送些果菜，以求得到一点回报，维持母子俩的生活。她给你们送的桃子，都是从别人的果园里拣来的，送来的菜，也是别人菜地的剩菜。"听了白珠老人的讲述，我感叹唏嘘，好久好久，心里还一阵阵酸痛。

在达木，第一个给我们讲故事的人，是 76 岁的仁增多吉。

他为人老成持重，说话轻声细语，肚子里的故事并不比卡布寨的恩布老人少。不过旧时担任过达木村的学本（村长），直到如今在村民面前还有点抬不起头来，他不如恩布老人那样大气、傲气。再加上有几十只猴子，总在老人家的刀耕火种地上捣乱，糟蹋玉米和荞麦。晚上他还要帮助孩子们守夜，驱赶猴群，弄得有点寝食不安。

仁增多吉老人讲的故事，有的我在前面有所介绍。这里，我想复述他讲的一个故事——《青蛙王子》。这个故事，我在拉萨，在林芝，都听人讲过，在康巴地区，也广泛流传。应该说，这是一个藏族故事，不知从什么时候开始，传到了墨脱珞巴地区。故事有些情节和唱词，都带有珞巴民间文学的特色。我认为，这是一个珞巴化了的藏族故事，是藏、珞民间文化交流的一个例证。

仁增多吉老人告诉我，达木是墨脱通往波密的交通枢纽，康巴人、波密人翻过随拉和金珠拉雪山口，进入墨脱腹地，都要从达木路过，在这里长住短住，现在达木村里，还有六户藏族人。达木的珞巴人，受藏族文化影响很深，不少人会讲藏话，还有人信仰藏传佛教宁玛派，祭祀苯教和宁玛派的山林神和守护神。所以，某些藏族故事，在达木一带流传，一点也不奇怪。

仁增多吉老人讲的《青蛙王子》，原本很长很长，我在这里做了尽可能的压缩。

## 青蛙王子

仁增多吉

雪山和草原相接的地方，住着一个老头儿，一个老太婆，门前没有田地，屋后没有牛羊，膝下连个拳头大的儿女也没有。

老头儿懒得像条没有骨头的虫，白天黑夜钻在破羊皮底下睡大觉。老太婆呢，从早到晚东奔西跑，辛苦忙碌，还得伺候懒得要命的老头儿。

一天清早，老太婆在身边喊："老头儿！起床吧！起床总比睡觉好，干活总比偷懒好！昨夜商队扎营的地方，今早乌鸦在那里啼叫。你快跑去看一看，有什么东西拣一拣。"

老半天，老头儿慢吞吞踱到扎营地，天黑的时候，老头儿才磨蹭着回家。老太婆问："你拣到什么东西了吗?"老头儿说："拣到了一块金子！"老太婆问："金子呢?"老头说："我换了马了！""马呢?""我换了牛了！""牛呢?""我换了羊了！""羊呢?""我换了扫帚了！""扫帚呢?""我换了石头了！""石头呢?"这时，老头儿不急不忙，从怀里摸出一块鸽子大的石头，递给老太婆。

老太婆气得直哭，接过石头，往地上一扔，说："你爸爸的头！你妈妈的头！你吃这个过日子吧！"石头砸在地上，反弹回来，砸在老头儿膝盖上，膝盖隆起一个碗大的疱。老头儿痛得又喊又叫，闹得全村不得安宁。卦师走来卜卦，巫师走来降神，谁都没有办法。最后请来一个屠夫，用烧红的拨火钳戳进肉疱里。没想到，肉疱里钻出一只欢蹦乱跳的大青蛙。

青蛙跳到老太婆身上，叫："阿妈！阿妈！"又跳到老头儿身上，叫："阿爸！阿爸！"老头儿气得头上起火，嘴里冒烟，逮住青蛙，往门前的湖里一扔。

一眨眼工夫，青蛙一跳一蹦回来了，还从湖里捞回一条大鱼。老头儿吃了鱼肉，喝了鱼汤，抹了抹嘴巴，又逮着青蛙，扔进屋后的山上。

一眨眼工夫，青蛙又一跳一蹦地回来了，它从山上逮回来一只獐子。老头儿吃了獐子肉，喝了肉汤，又拿出一把刀，想把青蛙砍成肉酱。

这下老太婆不干了，很气愤地说："这青蛙儿子，你不要，我要！你不稀罕，我稀罕！"老头儿没有办法，只好同意把青蛙留在家里当儿子。

有一天，青蛙儿子忽然这样说："爸啦！阿妈啦！我已经长大了！该给我娶个媳妇了！"老头儿一听，气不打一处来，说："你坐着没有巴掌大，站着没有拳头高，谁家的姑娘会给你当老婆?"青蛙说："山那边有个王国，国王有三个女儿，你们帮我挑一个就行了！"老太婆觉得这件事太难了，只好这样劝慰道："孩子，国王的公主是金枝玉叶，我们是穷家小户，怎么敢去求婚?孩子，不要着急，你阿妈一定会替你找一个好姑娘"。

青蛙说："求婚的事，阿爸不愿去，阿妈不敢去，看起来，我只有自己去了。"青蛙一蹦一跳，来到王宫。在门口高声喊道："国王！国王！请把公主嫁给我！"国王正坐在宝座上和大臣们商量国事，忽然听见外边阵阵喧哗，打发侍从出门看，原来是一个青蛙在大喊大叫，要向公主求婚。国王说："我的女儿是人间仙女，怎么能嫁给你这个丑八怪！"青蛙说："国王你要不答应，我可要哭了！"国王说："你想哭就哭吧！哭瞎了眼我也不在乎。"

青蛙果然哇哇哇地哭起来，眼泪像两条小河，哗哗啦啦往外淌，泪水淹没了王宫，淹没了金殿，国王的宝座也在泪水上飘飘摇摇，眼看就要淹死了！国王吓得大叫："别哭了！别哭了！我把大公主嫁给你好了！"

青蛙领着大公主往家走，国王送的陪嫁是半扇手磨，一把麦糠。走到半路，青蛙说："公主！公主！我累也累了，饿也饿了，我想吃点麦糠！"青蛙低头吃麦糠，大公主举起手磨，朝青蛙头上砸去！青蛙灵巧地从磨眼里跳出来，逃过了一劫。青蛙说："大公主，你的心太黑了，我俩的缘分尽了，你回国王那里去吧！"

青蛙把大公主送回王宫，请求国王把另一个公主嫁给他，国王不答应。青蛙说："国王你要不答应，我就要笑了！"国王说："你想笑就笑吧，笑掉了满口的牙我也不心痛！"

青蛙果然哈哈哈地笑了起来。这一笑可不得了，笑得国王的城堡左摇右晃，坚固的石墙裂开了缝，黄金的宝座翻了个个儿，把国王摔得鼻青脸肿。国王赶紧求饶："别笑了！别笑了！我把二公主嫁给你好了！"

青蛙领着二公主往家走，国王送的嫁妆是半扇石磨，一把酒糟，走到半路，青蛙说："我累也累了，饿也饿了，我想吃点东西"。青蛙低头吃酒糟，二公主举起手磨，朝它脑袋砸去！青蛙灵巧地从磨眼里钻出来，又逃过一劫，青蛙说："二公主，咱俩再见了！你的心太狠了，你还是回你的王宫去吧！"

青蛙又把二公主送回王宫，请国王把三公主嫁给他。国王说："三公主是我眼里的瞳仁心头的肉，不能嫁给你！"青蛙说："国王你要不答应，我就要跳了！"国王连忙说："不要跳！不要跳！我把三公主嫁给你还不行吗?"

青蛙和三公主一路亲亲热热回到家。老头儿笑了，老太婆也笑了。公主勤劳、美丽、善良。一家人和和美美，日子过得像酥油加蜜糖。过了一年，公主生下一个白白胖胖的大小子，老头儿、老太婆更得意了，每一根皱纹里都是笑容。

秋天到了，原野上的牧草黄了，当地比武竞技大会的日子快到了。青蛙对三公主说：“今天一天，明天两天，后天太阳升起的时候，天神谷谷朗梯和地神皮林东丹要比赛财产和武艺，你陪阿爸、阿妈还有孩子去看热闹，我留下来看家好啦！”

竞技比武大会的日子，三公主和全家人早早来到赛场。赛场人山人海，热闹得不得了。开始，穿白色战袍的天神谷谷朗梯，穿绿色战袍的地神皮林东丹，比赛发布施。谷谷朗梯走到三公主面前，给孩子一块酥油，一块肉，孩子哭着摇手：“不要！不要！”皮林东丹走到三公主面前，给孩子一块酥油、一块肉。孩子笑着点头：“我要！我要！”三公主忽然觉得：地神的神态好熟悉！

第二天比赛顶奶罐，看谁头顶奶罐跑圈儿不溢不洒。天神跑了三圈，牛奶溢出来，只好停下。地神跑了三圈，滴奶不漏，越跑越快。天神爸爸布瓦朗果着了急，用竹片弹去一粒石子，蹦掉皮林东丹一颗门牙。晚上，公主发现青蛙嘴里少了一颗牙，心里起了疑惑。

第三天，双方比赛武艺。一家人走到半路，公主说：“爸啦，阿妈啦！我忘了一样东西，你俩带着孩子先走一步，我去去就来。”公主急急忙忙回到家，从门缝里往里瞧，只见青蛙在地上顺势滚三滚，从青蛙皮里蛹化出一个身着绿袍的美少年。公主看见自己的丈夫原来是这么个好模样，心里高兴极了，一把推门进去，抓过青蛙皮，扔进火塘里烧掉了。她不能让自己的丈夫再变成青蛙。

少年脸色惨白，全身瘫软，一下子栽倒在妻子的怀里，有气无力地说："公主，告诉你吧！我是地神皮林东丹。三年前比武竞技，我被天神谷谷朗梯打败，又用魔咒把我变成青蛙，我只有得到姑娘纯真的爱情，才能重显人形。想不到今天被你发现，过早地烧掉了青蛙皮，我还没有积蓄到足够的神力，打败自己的老对手"。说到这里，他闭上双眼，如同进入了梦乡。

公主后悔极了，日夜守护在丈夫身边，流着眼泪，呼唤他的名字，盼着他早日苏醒。

有一天，天上降下来一只大竹篮，篮子里装着鲜花和水果，小男孩看见鲜花水果，伸手想去拿。没想到天神谷谷朗梯从篮子里跳出来，抡起长刀，把昏睡中的地神皮林东丹，从头到脚砍成三截，劫持着公主和她的儿子，回到天上去了。

公主到了天上，日夜牵挂自己的丈夫。趁天神不注意，偷了神针、神线和登天篮，悄悄回到人间，把丈夫的身子重新缝得好好的。

春天到了，春雷响了，地神皮林东丹苏醒了！听说妻子和儿子都被天神谷谷朗梯劫走，便从朋友夏古那里，借了一匹能够飞天的马。在蓝天和彩云中间，遇到打猎归来的天神谷谷朗梯，他们在空中比起武来，先是你射我一箭，我射你一箭，接着你砍我一刀，我砍你一刀。最后，皮林东丹得到三公主的帮助，战胜了天神谷谷朗梯。

皮林东丹带着妻儿，从天上回到人间，回到雪山和草原相接的地方，侍候着已经很老很老的老头儿和老太婆，过着幸福安宁的生活。

西藏自古以来，就有盟誓的传统，《旧唐书·吐蕃传》记载：

“赞普与其臣下一年一小盟，刑羊狗猕猴，先折其足而杀之，继裂其肠而屠之，巫者告于天地山川日月之神云：‘若心迁变，怀奸反覆，神明鉴之，同于羊狗’。三年一大盟，夜于坛墠之上与众陈设肴馔，杀犬马牛驴以为牲，咒曰：‘尔等咸须同心戮力，共保我家，惟天神地祇，共知尔志，有负此盟，使尔身体屠裂，同于此牲’。”

我在拉萨结识的藏族朋友，都非常喜欢发誓，有的人甚至誓言不离口，为了证实自己没有撒谎，为了表示自己信守诺言，往往神态庄严，赌咒发誓。最通用的誓言是：“贡却松”，凭三宝起誓；“交瓦罗布”，凭佛祖起誓；“布达拉泽佐”，请布达拉作证；“班台拉姆泽佐”，请大昭寺的吉祥天女作证。六七十年代，盛行用毛主席的名字发誓，例如“毛！”“毛主席！”“毛主席泽佐！”都是凭毛主席起誓，请毛主席作证的意思。也有用父亲、母亲、儿女的名字起誓的，这种誓言很重，可以说是毒誓。因为把自己的至亲至爱送上誓坛，如果背誓，后果不堪设想。

大昭寺有个喇嘛朋友，名叫丹巴君色，是释迦牟尼佛殿的香灯师，他时常在佛祖像前，收到一些长刀、匕首、烟嘴、烟斗之类的东西，他说，这些都是人们发誓后留下的，有人发誓不抽烟，有人发誓不斗殴，有人发誓不杀人，便把这些物件交给佛祖，以表决心。

一天晚饭后，我和益西平措先生，还有房东白珠阿爸，在晒台上歇凉，偶然聊到咒誓的话题。

## 墨脱人的咒誓

几位老人都说，在墨脱，无论门巴人还是珞巴人，都非常重视咒誓，比藏族人有过之而无不及。墨脱人发誓，分口誓、手誓和宰牲咒誓三种。口誓用言语表述；手誓加以形体动作加以强调；宰牲咒誓，与一千多年前吐蕃王臣使用的方法相类似，这种方法为珞巴人最爱。

门巴人的口誓有："昂巴林巴"，凭白色的日头起誓；"俄江鲁"，凭蓝色大地起誓；"多吉扎松"，凭金刚岩地方神起誓。门巴人大都崇信宁玛教。宁玛教祖师莲花生，是请来证誓的最高神佛。还有，《甘珠尔》和《丹珠尔》大藏经，也是门巴人证誓的圣物。门巴人手誓，与藏族有类似之处。例如手按经书发誓；将佛像顶在头上发誓；到寺院跪在菩萨或活佛面前发誓；两个人各自割破自己的手指，互相抵触着带血的手指发誓，把血滴在酒碗中，喝血酒发誓。甚至有人在自己的手指上捆绑松脂，燃点松油发誓。

珞巴人的口誓有："多尼嘎朗嘎"，凭太阳起誓；"波老嘎朗嘎"，凭月亮起誓；"劳布尼布"，凭珞巴人的老祖宗起誓。珞巴人非常重视手誓和宰牲誓。有这样一句顺口溜："喇嘛靠戒律，珞巴重誓言。"珞巴人为了表示自己的清白，说明自己没有撒谎，或者表明履行诺言的坚定，会把自己的手，伸进通红的炉火，或者去抓烧红的灶石，甚至用舌头去舐火、舔烧红的石头发誓。

益西平措老人告诉我，早先的时候，墨脱县北面的马蒂村和梅日寨，前者是门巴村，后者是珞巴寨，村民年年发生械斗，互相抢劫，抢牲畜，抢粮食，死伤了不少的人。后来由仁青崩寺出面，双方派出代表，经过艰苦的谈判，达成了永不械斗的协议。为了保证协议的实施，专门举行了一个隆重的仪式，双方立下重誓。在两村交界处，用芭蕉叶搭一间棚子，请喇嘛在里面诵经念咒，宰杀一头巴敏牛，双方代表喝血酒，吃生肉，对着蓝天、江河和大地发誓。搬来一块牛头大的石头，称过石头的重量，在上面洒上鲜血，双方首领和百姓一齐立下誓言："从今以后，违约的一方，必须赔偿与此石等重的金子"。

我身边带着一本中国社科院民族所编印的《珞巴族社会历史调查资料》，记述了猴年转扎日神山，隆子县珞巴人发誓不杀人、不抢劫的情形。扎日是横亘在隆子县和米林县境内的一座神山，藏传佛教信徒认为它是本尊胜乐金刚的化身，又说山上住着名叫扎日辛君的守护神，神通广大，性情凶暴。每逢藏历猴年，广大信众围绕此山转经朝圣，据说能获得意想不到的福德。为了保证朝山活动的顺利进行，往年西藏地方政府，照例要给扎日神山周围的珞巴人，发放糌粑、氆氇、酥油，还有珞巴人最珍爱的铜铃、铙钹、珠串等物品。珞巴人得到赠品以后，全体立誓具结，庄严承诺转山期间不杀人、不抢劫，并承担修路、向导等工作。

咒誓活动在转山朝圣出发地隆子县塔克辛村进行，先用粗大的松树搭起一个大门，门上供奉山神扎日辛君的神像，大门两边各立一架木梯。出发当天，当场宰杀一头雄壮的牦牛，牛血装在锅里，牛肉挂在两旁，木架上挂一捆羊毛。喇嘛们敲动法器，诵念经咒，神山周围的珞巴人以部落为单位，列队依次从大门前走过，先抽出长刀，割一块生肉，再抓一把羊毛，蘸一些牛血，洒在自己的头上、脸上，等于立下了不杀人、不生事的重誓。大门两边的梯子上，各站一个藏兵，监督仪式的进行。

如果珞巴人不愿意穿门而过，不动手割生牛肉，不愿意用沾血的羊毛点在自己身上，说明他们心怀不满，不愿意立誓，有可能出大问题。例如 1944 年（藏历木猴年）转山期间，西藏地方政府派去的一僧一俗两名四品官，任意侵吞发放的物资，引起珞巴民众的强烈不满，他们公开拒绝穿过神门，点血发誓，当场杀死两个喇嘛和一些藏兵，接着又拦劫转经的民众，杀死信徒、香客上百人，造成震惊全藏的惨剧。

中国社科院民族所的资料里，还记述了珞巴部落一次盟誓的经过。事情发生在隆子县南部的珞巴地区。那里有个名叫巴依的小部落。当地强大的崩尼部落莫隆氏族，自愿与他们结盟，共同抵御外敌。依照习俗，结盟必须进行庄严的盟誓。

到了约定的时间，莫隆氏族 80 多个男人，由达崩和达巴带领，手举长刀，排成两行，来到巴依部落。巴依部落的男子们，手举长刀，高声呼喊，列队欢迎莫隆氏族的人。妇女手捧装酒的竹筒，向莫隆人敬酒。盟誓开始时，一块双方选好的石头，摆放在坛场中央。莫隆人推出达崩和达巴为代表，巴依人推出达马和达伐为代表。四个人在地上挖出一个埋石头的坑。在巫师的主持下，一头作为誓物的巴敏牛被牵到石头跟前，达马拔出长刀，猛砍牛的脖子，巴敏牛应声倒下，接着达马和达伐掏出牛心，四个代表取出牛心窝的血，涂满证誓的石头，最后把牛心和涂满牛心血的石头，一起埋进土坑。表示双方结盟之心永远不变，像石头一样千秋长存！

把涂满鲜血的石头放好，双方盟誓代表手举长刀，对着血石庄严宣誓，部落的民众环绕在他们身后。先是巴依部落的达马起誓，意思是：“我们面对天上的天鬼、地上的地鬼、山上的山鬼起誓，我们巴依人，永远不变心，如果变了心，厉鬼吃我们！如果莫隆人变心，厉鬼吃掉他们！”接着，莫隆氏族代表也起誓，内容差不多。每发出一句誓言，双方男子举起长刀，大声呼喊：“噢！噢！噢！”

盟誓结束，剥掉牛皮，分吃牛肉，巴依人捧出大量的酒，请莫隆人猛吃猛喝，不分日夜，歌舞狂欢。三天后，莫隆人返回。分手时，双方各执一只巴敏牛的角，作为盟誓的永久凭证。

有一天，阿爸白珠的木楼里，进来一位容貌独特的老人，大鼻子，高额头，说话瓮声瓮气，走路脚跛得厉害，自报姓名叫江措，说是有故事要给我们讲，吭嗤了半天，一个故事也讲不完整，我觉得村里找错了人，便动员老人回家休息。想不到江措老人走到门口，又回身过来，讲了一段自己亲身经历的事情，使我们深为感动。原来，他是达木寨一个老猎人，大约三十年前，他被同伴钦力的毒箭误射成重伤，演出了一曲真实感人的人生悲喜剧，这是比传说还真实的传说，比故事还感人的故事。

## 珞巴猎人的承诺

江措

那是1955年初冬，我和卡布村的猎人恩布，结伴进入梅日寨后面的玛尼温大山装弩箭。当年我40岁，恩布43岁，正是身强力壮的盛年。想不到一株巨大的江玛浆果树下，一支暗箭嗖的飞起，箭头穿透我的右腿，钻进我的左脚。恩布跑上来一看，发现这是专门射杀猛熊和野猪的弩箭，毒性足以致人死命。按照当地的规矩，猎人如果装置暗箭，要么做出明显的标记，要么通知所有的猎人，现在什么标记都没有。恩布为此事十分气愤。

正在这个时候，卡布寨的猎人钦力，急急忙忙跑过来，看见我中了毒箭，不停地捶头顿脚，连声说："对不起，对不起！这支弩是我刚刚才装的，还没有来得及做记号，就把江措大哥误伤了。"恩布低头一看，我的左腿，已经肿得很厉害，人也昏厥过去了。他对钦力说："我们先把江措背回村寨，看看能不能救活一条命，其他的话，回去再说吧！"就这样，恩布和钦力，轮流背着我，从梅日寨到了卡布寨，给我灌了熊胆，敷了麝香，都没有用，当时解放军先遣组的冀文正，懂一些医道，用碘酒给我消毒，一点不见好转，只好把我送回达木寨的家中。

我被送回到达木以后，双腿毒性发作，左腿肿大，跟酥油桶一般粗，眼看要不行了，便把钦力请到我的床边，恳求道："钦力大哥，我活不了几天了。临死之前，我有三件事情最让我放心不下：一是我的妻子雪多，二是我的儿女，三是我的乌拉差役，我死了以后，请你一定替我养活妻子儿女，支付乌拉差役，我也就放心了。"钦力二话没说，当着村寨头人、百姓的面，把手按在火塘的灶石上，发下了重誓，说："江措大哥，从今天起，你的妻子就是我的妻子，你的孩子就是我的孩子，你的乌拉差役就是我的乌拉差役，我对珞巴人的祖先劳布、尼布起誓，对红的太阳和白的月亮起誓，对珞巴人的炉灶和灶神起誓，今生今世决不食言！"钦力发誓后，我叫来妻子雪多，又叫来两个孩子，托付给钦力。钦力立即回到卡布村的家中，找到自己的妻子白玛朗珠，告知自己对江措一家的承诺，并且说："从此以后，我的衣服归你，牛和粮食也归你，房子和菜地都归你。我不会再回来了！"钦力离开自己的妻子和家，以我的家为家，以雪多为妻，承担我家的一切劳务和乌拉差役。

世事无常，祸福难料，我虽然成了残废，却一次又一次地死里逃生，意外地活了下来。谁知九年之后，钦力却得了一场重病，生命垂危，行将死去。在他弥留之际，专门把我请到病床边，把达木寨的头人仁增多吉也请到病床边，叫过妻子雪多，亲手把她交给我。说："江措朋友，我不行了，我要死了。当着头人的面，我把雪多还给你。从今从后，你的妻子还是你的妻子，你的孩子还是你的孩子，你的家还是你的家。我实现了自己的誓言和承诺，我问心无愧！"

说完这几句话，钦力便离开了人世，我总算活了下来，今年67岁了。

这感人肺腑的往事，充分显示了珞巴猎人朋友、夫妻、家庭之间的关系，也体现了珞巴人重承诺、重誓言的民族性格。这段往事是江措老人亲口为我讲述的。老人已经67岁，活得还挺健旺。我们的房东阿爸白珠，是钦力的亲弟弟，也多次提到这件不同寻常的往事。

住在达木寨，生活很清苦，比卡布有过之而无不及。最主要的一点，时令盛夏，每天大雨滂沱，猎人无法进山打猎，自从几天前吃了布多书记送来的野猪肉之后，再也没有沾过一点荤腥，我们跟房东全家一样，餐桌上没有肉，也没有油。有一天，采录完故事，回到白珠阿爸的木楼，立刻有一股浓烈的肉香，钻进我的鼻子里，馋得我口水长流。接着，阿爸白珠端过来一个石头锅，摆放在我们面前，那诱人的香味，正是从石锅里冒出来的。老人用略为得意的口吻说："老师们！我请你们吃一个好东西！"

说完，揭开锅盖，里面是辣椒清炖老鼠肉。益西平措和次旦多吉欢欣鼓舞，跃跃欲试，我因从未吃过老鼠肉，一时从生理上和心理上都难以接受，最后在益西平措等人的热情鼓动下，决心做一次大胆的尝试。老鼠肉是玫瑰色的，略带甜味，连汤带肉吃在口里倒也清香脆嫩，算是打了一次牙祭，吃到一种从未品尝过的美味。至少日后我可以对别人夸口：“我吃过墨脱珞巴人的老鼠肉啦!”吃过老鼠肉，大家又说起了当地人吃老鼠肉的习俗。

## 吃老鼠肉的习俗

白珠

墨脱人爱吃老鼠肉，墨脱的珞巴人更爱吃老鼠肉。这是老祖宗留下来的古老习俗。

相传开天辟地的时候，在雅鲁藏布江大拐弯处，生活着嫡亲的两兄弟。哥哥叫洛波，弟弟叫尼波。哥哥喜欢务农，每天耕田种地，侍弄庄稼；弟弟热心打猎，在山坡和旷野逮老鼠、压老鼠。从此，哥哥靠吃青稞和小麦为生，弟弟靠吃野兽肉和老鼠肉度日，尼波吃了老鼠，长得红光满面，身强力壮，洛波很是羡慕。有一天。洛波对尼波说：“弟弟！弟弟！能不能把打老鼠的诀窍，传授给哥哥我。”弟弟尼波脑子一转，说：“这好办！宰一头大肥猪，把肉割成巴掌大的块。夜里压在石片底下，天亮时便能收获老鼠了。”洛波依照尼波的办法，宰掉自家一头大肥猪，把肉压在石片底下，第二天跑到山上一看，石片底下根本没有老鼠，连猪肉也无影无踪了。

哥哥洛波非常生气，认为是弟弟耍弄了自己，从此离开山区，搬到江边平川地方过日子去了。据说洛波后来成了藏族人的祖先，尼波后来繁衍了珞巴民族。所以藏族人至今不吃老鼠，也不会压老鼠；珞巴人不但擅长猎老鼠，更酷爱吃老鼠。

聚居在墨脱的珞巴人，猎杀和食用的老鼠，主要有两种：一种是山鼠，一种是田鼠。山鼠栖息在山林，田鼠生活在田野。每年夏秋两季甚至初冬，山间果实成熟，薯类植物也十分丰富，是山鼠最活跃的季节，也是珞巴人猎获山鼠的黄金时光。猎杀老鼠的办法，主要是放套、装石板、挖鼠洞，也有用箭射和用狗咬的。老鼠出没较多的山林，猎人往往开通人行小路，作为自己的猎鼠区或猎鼠场，别人一般不再进入。最常用的方法，是拿一粒炒得焦黄的玉米，戮在削得尖尖的竹签上，竹签上支一块足以压住老鼠的石板，老鼠闻到香味，跑来偷吃玉米，石板顺势滑落，将老鼠压住，甚至压死。装石板的工作，往往由男子完成，收拾老鼠的活儿，一般由妇女和小孩来做。她们背上藤筐，上山巡视鼠场，运气好的时候，一次能背回来一筐老鼠。田鼠常年偷吃庄稼和瓜菜，一般形体肥大，最大重量可达两三斤，可以用硕鼠来形容，往年西藏地方政府，规定墨脱每个差巴户，一年交十张田鼠皮的差，供僧俗贵族制作皮裘之用。

墨脱人认为，老鼠肉色泽粉红，十分耐看，可称玫瑰色食品。闻起来香，吃起来味好，不伤脾胃，不但用来招待客人，还用来馈送亲友，青年男女互相钟情，往往送上几串老鼠肉，以表爱慕之意。他们吃老鼠的方法，乍看起来有些残忍，让人难以接受。他们拿出用石板压死的老鼠，用长长的竹签穿上，伸进炉火上燎烤，烤到一定程度，用手搓揉，退去鼠毛，划开肚子，取出内脏，切成若干块，放进石头锅，煮熟食用。

白珠老人的讲述，勾起了我的回忆，我下放堆龙德庆县的时候，县农牧局局长冀文正是1954年进军墨脱的“老西藏”，担任过墨脱县办公室主任，对当地的民俗非常了解。他发表过一篇文章：《在珞巴人家里做客》，回忆当年他在卡布寨猎人恩布家吃老鼠的情形。文中说：“恩布从笼子里抓出三个吱吱叫的皮夏巴（老鼠），摸了摸膘情，向我们投来得意地一笑，意思是还不赖呢！他熟练地把老鼠放在火上一燎，然后用手一捋，老鼠像剥光了皮毛的猪娃子一样，光溜溜的。一刀剖开肚皮，掏出内脏扔掉，将老鼠叭叭叭地剁成几节，放进石头锅里，再撒一些依巴，这是当地人用黄豆加羚牛胃里的食物制成的调味品，用柴火炖了起来，大约半个小时，老鼠肉炖熟了。一股诱人的清香，弥漫整个木屋。恩布大叔把鲜红的老鼠肉，盛在木碗里，双手捧到我们面前，说：‘在这辞旧迎新的日子里，我用珞巴人最上等的食品，招待远道而来的贵宾！’”

墨脱门巴族也爱吃老鼠，吃法和珞巴人有些不同，我们的向导兼顾问益西平措先生，是位门巴族的美食家。他给我们讲述自己吃老鼠的经验，先要去掉毛皮，清洗干净，然后架放在青杠火上，烤得焦黄焦黄，撒上一些盐巴粉和辣椒面，吃起来鲜美无比。

白珠老人和益西平措先生，还告诉我们一件奇闻，一桩怪事，就在前年（1980年）夏天，墨脱的山沟平坝上，突然跑出数以万计的老鼠。它们像滚滚的波涛，淹没了农田，淹没了牧地，它们所到之处，青草被啃得一干二净，庄稼一扫而光。谁也不知道这支老鼠大军，是从哪里钻出来的，又要去向何方？当地政府没有办法，只好发动男女老少大战老鼠，有的用棍子打，有的用陷坑陷，有的用石头砸，老鼠实在太多了，墨脱人有点穷于对付了。不久，也不知是什么原因，这支老鼠大军，忽然前仆后继，集体泅渡雪浪滚滚的雅鲁藏布江，有的游到对岸，有的淹死江中，又被江水卷到岸边。人们成群结队，到雅鲁藏布江边捞老鼠。一些八九岁的孩子，一次便能捞半麻袋回家。于是，墨脱获得史无前例的老鼠大丰收，村村寨寨，家家户户，杀老鼠，熏老鼠，晒老鼠，吃老鼠，忙得不可开交。

白珠阿爸招待我们吃的老鼠肉，便是前年丰收的成果。

## 记录门巴族的酒歌和《招魂歌》

8月28日，我们结束了在达木寨的采风，顺雅鲁藏布江而下，循原路返回墨脱县城。也许是因为无论在卡布，还是在达木采风，进行得都比较顺利，采录的神话、传说和故事，比原来预计的丰富，尤其是珞巴狩猎习俗和祭神仪轨，我过去见所未见、闻所未闻，因而倍感兴奋，倍感丰富和充实。天气还是原来的天气，道路还是原来的道路，蚂蟥、马蜂、毒蛇，还是时常出没，可是由于心情和心境的不同，有一种如释重负的感觉，一路走得轻松愉快多了，路程好像也没有那么漫长了。益西平措确实是一位见多识广、诚实善良、幽默风趣的好人，一路上不停地给我演唱门巴族的萨玛酒歌，我走一路、听一路，在路边歇息的时候，便忙里偷闲，在本子上记录下来，等走到墨脱县城，我已记下整整一本门巴族民歌了。

前次在梅日寨钦多吉老人家过夜，通宵达旦痛苦难眠，这次只是在老人家短暂停留，急急忙忙赶到马蒂村过夜，当晚留宿村长普布家。村长的妻子松桑姆，也许是应益西平措先生的请求，把我的住房打扫得干干净净，铺上崭新的垫单，挂着雪白的圆顶帐子，夜里既没有蚊虫叮咬，也没有猪牛的干扰，使我一夜睡得又安稳又舒服。

第二天继续上路，益西平措先生兴致很高，特意为我演唱了门巴巫师找灵魂的歌。前面已经讲过，墨脱大地震以后，他全家人都死了，房屋、田地通通被垮塌的山体掩埋，自己没有了生计，便为当地的一位巫师当助手，给人治病，收魂。在门巴族村寨，一个人如果得了重病，特别是高烧不退，神智错乱，昏迷不醒，巫师便断定，他的灵魂已经走失，需要找回来。途中，益西平措先生给我们唱了《寻找灵魂歌》，休息时，还专门在一处平地上做了演示。

## 寻找灵魂的歌

益西平措

嗦

我把肉体寄存给泥土，

要的时候你可得还啊；

我把骨头寄存给石头，

要的时候你可得还啊；

我把鲜血寄存给江水，

要的时候你可得还啊；

我把脑浆寄存给雪山，

要的时候你可得还啊；
我把眼睛寄存给日月，
要的时候你可得还啊；
我把体温寄存给炉火，
要的时候你可得还啊；
只有心我自己得带走，
这是什么地方也不能寄！

请神啊！请神啊！请神！
头一个请天上的神。
请来天王旺波结青①做客人；
第二个我请大地的“赞”，
请来地王赞轨钦波②做客人；
第三请大海的龙，
请来龙王佐拉仁钦③做客人；

请神啊！请神啊！请神！
左边请来神圣的空行母，
右边请来威猛的护法神！
前面请来战神男神和女神，
请来贡布尼玛纳波④做客人；
请来佛母汝尕扎支⑤做客人，

① 旺波结青：即天上的神王，有人译成帝释天。
② 赞轨钦波：“赞”，魔界的统治者，有人译成凶猛无比的大野魔。
③ 龙王佐拉仁钦：龙界的统治者，是守护财富、花草、树木、水源之主，可译成顶髻龙王。
④ 贡布尼玛纳波：西藏神灵中最为威猛的黑色护法神。
⑤ 汝尕扎支：著名空行母女神。

请来吞吃日月的煞青热乌拉①做客人，
请来玛吉班丹拉姆②做客人，
请来铁匠之神唐青多吉纳布③做客人，
请来扎日山神辛穷青波④做客人，
请来整个西藏的保护神做客人，
请来白玛衮⑤的保护神做客人，
请来多吉扎松⑥做客人，
请来次仁吉雪山长寿五神女做客人。

请吃吧！请喝吧！请喝吧！
这里有净水一百碗，请喝吧！
这里有甘露一百瓶，请喝吧！
这里有蔓加酒一百筒，请喝吧！
这里有牛奶一百杯，请喝吧！

请收下！请收下！请收下！
这里有鲜花一百束，请收下！
这里有藏香一百支，请收下！
这里有果子一百盘，请收下！
这里有食物一百种，请收下！

---

① 煞青热乌拉：为西藏宁玛派的三大护法神之一，据说他是天上的一种星曜，能吞吃太阳和月亮，造成日食和月食。
② 玛吉班丹拉姆：藏传佛教最主要的女护法神，有人译成吉祥天母。
③ 唐青多吉纳布：可译成黑色具誓金刚，据说他是铁匠的保护神。
④ 辛穷青波：可译成大地的救主，是西藏最重要的地方神、乡土神。
⑤ 白玛衮：可译成莲花宝地，这里是指墨脱。
⑥ 多吉扎松：金刚岩神，墨脱的一位山神、护佑神。

（白）嗦——这是属××的××××献的呀！他病倒在竹席上，只剩下马尾巴那么细的一点气在进进出出了。神仙啊！活佛啊！护法神啊！请你们帮帮忙，帮忙找找他的灵魂吧！他的灵魂是不是被鬼怪摄去了？是不是被神龙摄住了？是不是被罗刹逮走了？要么，就是他的阳寿该尽了？阳寿该尽了，我没有办法；鬼怪神龙摄去了，我要找回来！

鬼怪神龙啊！放回他吧！放回他吧！
放回×××的灵魂吧！
这对他没有一丝丝好处，
对你也没有一丝丝坏处。
你缺茶锅，我们给你茶锅。
你缺珠串，我们给你珠串。
你缺瓷碗，我们给你瓷碗。
你缺砍刀，我们给你砍刀。
你缺衣裳，我们给你衣裳。
你想吃猪头，我们给你猪头。
你想吃牛肉，我们给你牛肉。
你想吃人肉，我们不能给啊！

（唱）我们用猪肉，代替人肉送给你，
我们用猪血，代替人血送给你，
我们用猪头，代替人头送给你，
我们用猪气，代替人气送给你，
我们给也给了，你收也收了。
猪命赔给你，人命还给我们吧！
牛命赔给你，人命还给我们吧！

魂回来！魂回来！魂回来！

就是帐篷大的石头压着也要回来，

就是九重地狱关着也要回来，

就是茫茫大海隔着也要回来，

就是九座雪山挡着也要回来，

神灵在找你的魂，回来啊！

护法神在找你的魂，回来啊！

你的父母在等你，回来啊！

你的妻子在等你，回来啊！

你的兄弟在等你，回来啊！

你的朋友在等你，回来啊！

魂啊！你就是在天堂也不要迷恋，

魂啊！你就是到了乐土也不要停留，

别人的地方再好，异乡的水再甜，

饭再香，也没有家乡的香甜，

也要回来，也要回来啊！

扎西达吉，魂归来，魂归来，

丹巴希绕在喊你回来，

白玛辛穷在叫你回来，

（病人家门口用炉灰堆成九个小堆，九条小沟，象征九座高山，九条大河）

九座高山我们帮你翻过，

九条大河我们帮你渡过，

（在病人木楼周围，撒一点大米、玉米）

××××的灵魂真的回来了，

愿你的生命比铁打的还要坚硬！

请回吧！请回吧！请回吧！

天王旺波洁青，请回去吧！

地王鲁赞结波，请回去吧！

龙王佐拉仁钦，请回去吧！

护法神空行母，请回去吧！

战神、男神煞青热乌拉，请回去吧！

女神汝尕扎支，请回去吧！

救主贡布尼玛纳波，请回去吧！

玛吉班丹拉姆，请回去吧！

铁医唐青多吉纳布，请回去吧！

扎日之神辛穷青波，请回去吧！

西藏的一切保护神，请回去吧！

白玛衮保护神，请回去吧！

山神多吉扎松，请回去吧！

神女次仁安吉，请回去吧！

嗦——嗦——

泥土啊，请把肉体还给我！

石头啊，请把骨头还给我！

江河啊，请把鲜血还给我！

雪山啊，请把脑浆还给我！

日月啊，请把眼睛还给我！

炉火啊，请把体温还给我！

我要出现了，还魂了！

## 在德辛门巴村的日子

回到墨脱县城，立即做去百崩、地东、德尔贡等墨脱门巴族村寨采风的准备。正在这个时候，次旦多吉的姐姐央宗，发来加急电报，说他们的妈妈不幸去世了。问次旦多吉要不要赶回拉萨，参加母亲的葬礼？次旦多吉还有些犹豫，我当机立断，决定中止墨脱采风，让他火速赶回拉萨奔丧。当然，不去百崩采风，确实是很大的遗憾，有许许多多门巴族传说和掌故，我非常想去采录；许多人间罕见的风光景物，很想亲自去走一走，看一看。现在，既然同伴遇到难题，有了急事，我只有忍痛割爱了。幸亏我们来墨脱县途中，去了一趟地东村，总算做了一点弥补。

返回拉萨之前，还有些事情必须办。一是要结算账目；二是要打点行装；三是要雇请民工，护送我们出境。我让次旦多吉做各种出发准备，自己利用这两天的时间，请求益西平措先生带着我，去走一走闻名已久的雅鲁藏布江霍纳藤网桥，到桥西的德辛村做一次访问。好在益西平措的家，就在离德辛村不远的霍纳村。

### 走过雅鲁藏布江上的藤网桥

第二天，我和益西平措先生结伴出城，向南走了几里地，爬上前面提到过的果嘎拉山。朝西南方向看去，雅鲁藏布江如一柄巨斧，把墨脱的高山峡谷一劈两半，著名的霍纳藤网桥横跨大江两岸，像一条飘忽不停的黄色哈达。想着很快就要从它的上面走过，不由得神情紧张，两腿都有点发软了。

下山，穿过密密麻麻、遮天蔽日的原始森林，来到雅鲁藏布江边，洪波巨浪如千百匹发狂的野马，在我们面前奔腾呼啸，颇有雷霆万钧、地动山摇的气势。江中的礁石在狂涛激浪的冲击下，不住地左摇右晃，而我们脚下的土地也不停地颤抖。

沿着江岸往前走了不远，到了藤网桥头，几根手臂粗的藤条，牢牢拴在两三个人才能合抱的各玛树树干上，接着长长的藤网桥，一直延伸到江的对岸，全长大约 200 米。益西平措说："廖老师，我们两人的重量，加上我背上的筐子，我担心藤条经受不住，出问题。我先把背筐送到对岸，再来接你过桥。"这个我求之不得，至少可以延缓一下过桥的时间。目送着益西平措消瘦的身子，背着沉重的筐，一步步地走远，最后消失在密如蛛网的藤桥那头。这时，我仔细观察了一下藤网桥的整体结构。

藤网桥的桥身由 8 根拇指粗的藤条组成，每隔 10 米左右，有一个藤圈固定，藤条和藤圈之间，用更细的软藤编织，使整个桥身，像一张藤网编织的走廊，过桥的人必须手抓两侧的藤条，脚踩脚下的桥面，小心翼翼地挪步。

半小时后，益西平措从西岸返回。说："廖老师，走吧！"我吸了口气，硬着头皮，跟在益西平措身后，一步一步踏上了桥面，大约走了二三十米，忽然胆怯起来，我发现桥上的藤条，有的已经枯脆，踩上去嘎吱嘎吱作响，有的已经断裂，留下蓝球那么大，甚至更大的空隙，而桥下面的江水，奔腾呼啸，强劲的风吹来，桥身不住地晃动，走着走着，桥身随着我们的重量，一段一段往下沉，与激浪和礁石碰撞，水花溅到我的身上。我想，“万一一脚踩空，或者藤条断裂，翻落江中，后果不堪设想！尸体将会飘流到印度洋去了。”我害怕了，退缩了，低声对益西平措说：“德辛村我不想去了，我还是返回县里，帮次旦多吉做做准备。”

益西平措听了，眼珠子一转，立刻领悟到其中的原委，他是何等聪明的人呵！他倒不着急答复，反而一屁股在藤网上坐下来，吧嗒吧嗒地抽起了旱烟，抽了一阵，看我情绪稳定了一些，才不急不慢地说：“廖老师，俗话说‘万事开头难’，你已经上了桥，走了这么长的一段，绝没有走回头路的道理。我是快六十岁的人了，这张桥过了几千次、几百次，一次也没有出过问题。我带过不少汉族同志过桥，每次过桥，都是这个怕，那个怕，有的人不停地小便，有的人干脆手脚并用往前爬，比起他们，廖老师你胆子是最大的，他们能过，你一定能过！”益西平措一席话，说得我无言以对。心想，在我的人生道路上，遇到过大大小小的坎，进墨脱采风，是一个坎，过藤网桥，又是一个坎，如果过了此桥，是人生一段经历，如果半途而废，那是人生的一大遗憾。

他看我不再提回去的事，便站起来领我继续前行。说：“过藤网桥，也没有什么诀窍，不要抬头看天，也不要低头看水，这样容易头晕眼花，只要紧紧盯住我的后脑勺，手抓紧藤条，脚踩稳桥面，如果结实，就踩下去，不结实，赶快换地方，就能平平安安过去了。”按照益西平措的指点，我俩一前一后，亦步亦趋，大约用了40分钟，终于从东岸走到了西岸。我身上的衬衣已经湿透，如水洗浸泡了一般。

两人在一块光洁的青石上坐下，背靠一株巨大的果玛树，枝叶浓荫密布，如同一把宝伞。益西平措心情很好，再一次抽起了旱烟，他用烟管指了指横跨在江上的长桥，不无得意地说：“这座桥是我主持修造的！”

老先生这么一说，我感到有些突然，又有些惊讶，顺口说：“真的吗？是不是开玩笑啊！”益西平措以手加额，做了个起誓的样子：“雅鲁藏布江作证，这是千真万确的！”接着，他就讲起当年修造霍纳藤网桥的情形。

## 这张藤网桥是我主持修架的

益西平措

我们墨脱县境内，山高水险，河流湍急，渡江过河，牛皮船、马头船，通通用不上，放下去马上被激浪打翻。墨脱自古以来，过河靠的是两种桥：一是溜索挢，二是藤网桥。

最早是溜索桥，在河的两岸，拉起长长的竹索或藤索，上面挂一个木槽，或者一个藤筐，或者一块木板。过河的人，或躺在木槽里，或坐在藤筐中，或把自己固定在木板上，利用惯性，从江河的这头溜向那头，从此岸滑向彼岸，溜到绳索的中心，也就是最低的部位，离河水最近，也是最危险的地方。从这里开始，过河人要手攀藤条或竹索，一段一段向上攀缘，直至河的对岸。溜索桥过河，一是太危险，如果绳索断裂，人便坠入急流；二是无法运载物资牲畜；三是老弱病残过不了河。后来发明了藤网桥。和平解放以前，雅鲁藏布江两岸人来人往，物资运送，差不多全部靠藤网桥承担。直到1965年，解放军在百崩和玛尼翁中间的雅鲁藏布江上，架设了250米长的金珠钢索吊桥，才结束了我们墨脱完全靠溜索桥和藤网桥过河的历史。

我们过的这座藤网桥，名叫霍纳藤网桥，因为桥的西头，紧靠霍纳村，那就是我的家乡。它又叫荒尤藤网桥，这是桥东的村子，名叫荒尤村的缘故。这座桥在墨脱，很古老，很著名，很重要。至少两三百年前的七世达赖喇嘛时期，干布巴兴修仁青崩寺的时候，这座桥便存在了。藏波战争以后，西藏地方政府派出的墨脱宗本（县官）每次上任，都有一两百个差民百姓前呼后拥，迎送的队伍翻过多雄拉雪山，沿白玛协曲河到阿尼桥，爬易贡北高山，再从霍纳村过藤网桥，进入墨脱宗域堡。还有，墨脱的差民百姓，无论到工布支差，还是出山到派村背盐和交换物资，来回都得经过此桥，它简直成了墨脱人的命脉。

1950年夏天，工布和墨脱地区发生大地震，这座桥被震垮了，藤条断裂，桥身掉落江中，被水冲到不知什么地方去了。墨脱的东边和西边，完全断绝了交通，老百姓要到工布地区背盐、交换生产生活物资，过不了江，苦不堪言。我家也遭了大难，普穷湖边西贡村的父母家，高山崩塌，全家11口被埋在地下，除了我和小弟弟，无一人活命。霍纳村的岳父家，木楼倒塌，幸亏邻居解救，死里逃生，侥幸活了下来。我失去了经济来源，只好给喇嘛活佛当助手，靠驱邪送鬼维持生活。霍纳措（区）的措本（区长）不识字，看我有些文化，藏文能写会念，便让我当他的文书。他交给我的第一件公务，是主持重修霍纳藤网桥。

那一年我只有27岁，修桥这么大的事情，别说没有做过，甚至没有听说过。再说那时候解放军已经到了西藏，很快要进军墨脱，修复作为交通要道的霍纳藤网桥，更是头等大事了。我拜访了当地的头人首领、能工巧匠，请教了好几位修架过藤网桥的老人，决定修桥工程分几个阶段进行。

首先，指派两岸差民，上山割青藤、白藤，青藤是软藤，白藤是硬藤，白藤做桥身，青藤编藤网。藤子割够了，再进行第二步。东岸、西岸，拉起第一条连接线。各村的弓箭手，列队站在河的两边，轮流朝对岸射箭，箭的后面，牵一根很细很细、跟麻线差不多的藤绳，如果箭能射到对岸，藤绳跟着到了对岸，第一条连接线便成功了。不过那一次，射箭很不成功，箭不是中途落水，便是把藤绳拉断了。

我们没有办法，改用大力士甩乌尔朵（投石索），石头的上面，绑上细细的藤绳，大力士排成一行，第一个甩不过去，第二个接着甩，第二个甩不过去，第三个接着甩，这样一个接一个，最后总算把一根藤绳甩过去了。有了这根藤绳，河东、河西有了第一个连接点，藤绳一点一点加粗，一根一根加多，最后换成比大拇指粗的白藤。

在江的两岸，拉上十根比大拇指还粗的白藤，构成了藤网桥的桥身。下一步便是扎藤圈。用白藤扎成一个个圆圈，人们从东西两头，顺着拉好的藤条徒手攀缘，每隔十步左右，把藤圈牢牢地绑在十根藤条上面，双方在桥的中点会合。绑藤圈的人一定要身强力壮、胆大心细，如果稍有疏失，掉落江中，后果不堪设想。

再下一步是编藤网，用小手指粗细的青藤，密密麻麻地编织在藤条和藤圈上面。这样，整个桥身像一个网兜，又像一条藤子的巷道，人们过桥的时候，手抓两侧的藤条，脚踩下面的藤网。大约用了两个月时间，一张横跨在雅鲁藏布江上的藤网桥便架成了。当时举行了隆重的开光典礼，官民百姓唱歌跳舞，欢庆了好几天。

藤网桥架好了，我高兴，措本（区长）高兴，老百姓更高兴，中断了两三年之久的交通，总算恢复了。

不过，藤网桥也有它的问题，编织桥面的青藤，尽管比较柔韧，比较结实，时间长了，风吹雨打，容易糟脆，容易断裂，所以每年冬天，都要进行一次修补。廖老师，不知道你留心没有，这张桥许多地方藤网断裂，出现了空洞。看样子，不修不行了。

过了藤桥，歇息够了，话说完了，两人结伴进了德辛村。这是一个美丽富饶的门巴族村寨，竹林树木环绕，木楼高低错落，枝头果实累累，稻田一片青绿。经过一段时间的相处，益西平措深知我对猎人和狩猎颇有兴趣，便领着我，径直走进猎人协噶尔的家。爬上歪歪斜斜的独木梯，进入光线暗淡的木屋，我看见一张竹席上，盘腿坐着一位六七十岁的老人。他身体相当壮实，有点像梅日寨的老猎人钦多吉。看了看他的脸，吓得我倒退了好几步，抽了一口冷气，他脸上红一块、紫一块，如同寺庙里的护法神灵。不过协噶尔老人毫不在意，对我们的到来表示由衷地欢迎，三个人分宾主围着火塘坐定，他便谈笑风生，讲起打猎的往事来。

## 猎手和猛熊的搏斗

协噶尔

我的老家在乌朗，和梅日寨的钦多吉是同乡，也是打猎的伙伴。我年轻时身体强壮，喜欢上山打猎，下河捕鱼。捕过酥油桶那么粗那么长的鱼，现在有的老年人还挂在嘴边当奇闻啧啧夸奖哩！

我打猎，专爱猎熊。熊的全身都是宝，熊肉脂肪丰富，熊皮能做袍子、被褥和坐垫，熊掌能卖出好价钱，熊胆是最好的药。不过熊性情凶暴，力大无穷，猎熊是最危险的，弄不好便丢掉老命。最可怕的是，猛熊中箭受伤，毒性发作，变得更加凶狠，攻击人的时候，连命都不要了！

我猎熊的办法，主要有两种：一种是腰刀杀熊，遭遇猛熊，拼命往山下逃，引得熊发怒，跟在身后紧追不放，熊有个特点，前腿短，后腿长，上山跑得快，下山不麻利，连滚带溜，弄不好还栽跟头。这时我往往闪身躲在大树旁，把锋利的腰刀，横搁在树干上，大熊跑过，腰刀借着惯性，戳进它的躯体，划开熊皮，最后熊滚下山坡，成了我的战利品。第二种方法，是在熊出没的地方，安上带毒性的弩箭，或者用火枪、毒箭射猎，熊受伤后，必须赶紧寻找熊，立即捕杀。要不，它会变得百倍的疯狂，伤害路人和周围的百姓。

有一年，我和弟弟结伴，到山上猎熊。有个很大的家伙，个头跟牦牛差不多，各村各寨的猎人，都想把它弄到手，那时我年轻气盛，远近闻名，绝不会让这样的猎物落到别人的手里。我们兄弟俩登到山腰，听到青杠林里有很大的响动。悄悄跑过去一看，原来是我们找了好久的熊，正在那里有滋有味地吃青杠籽，两腿立着，比一个人还高。弟弟找了个逆风的位置，射出一支毒箭，熊大吼一声，手脚并用地逃跑了，跑得无踪无影。我和弟弟，立刻分头去找，弟弟往山下找，我往山上找。

沿着高高低低的乱石坡，我一边往上爬一边仔细观察，左看右看，什么动静也没有发现。万万没有想到的是，刚来到一处山崖，这只受了伤的猛兽，从石崖上面扑了下来，黑乎乎地，把我死死地压在地上，两只前爪像铁钳，抱住我的肩膀，弄得我透不过气。我知道，这下碰到了冤家对头，想跑，跑不了，想逃，没法逃，干脆，伸出两手，也把这头熊抱住，在山坡上打起了滚。熊张开口，咬住我的肩膀，伸出尖利的爪子，抓挖我的头皮，我痛得实在没有办法，从腰间拔出匕首，拼出全身的力气，扎进熊的左肋，一直捅到它的心脏，它痛得哇哇怪叫，松开了爪子。

等我苏醒过来，看见自己全身都是血，成了一个血人，那只熊，早已跑得无踪无影了。我找来一根木棍，拄着慢慢下山，半路上遇见弟弟，他见我脸被抓破了，头皮翻过来，吓得说不出话来。背着我回到家，吃了两个熊胆，敷了两三个麝香，总算保住了一条命。不过破了相，远近的女子没有人愿意当我的老婆，至今仍是单身汉一个。

第二天，我弟弟又上山找熊，没找到。直到三天以后，我的一位表亲，得到了这头熊，只分给我一份肉。

从猎人协噶尔家走出，我和益西平措为这位猎人的遭遇不住地摇头感叹，猎人猎杀野兽，野兽报复猎人，酿成了一桩桩悲剧。现在国家提倡保护野生动物，禁止滥杀野兽，山林的悲剧自然会减少，乃至完全消失。为了缓和情绪，益西平措改变了话题。提议去看望卓玛两姐妹，她们是二十多年前，从昌都类乌齐地方，到墨脱朝圣的康巴姑娘，从她们那里，一定能听到当年寻找神秘乐土的亲身经历。再说，时间不早了，我们也该找个地方吃晚饭了。

在村里转悠了一阵子，来到了卓玛家的木楼，很凑巧，两姐妹都在，大姐卓玛，43 岁，是生产队副队长；小妹娜措，37 岁，是公社社员。她们俩的丈夫都是门巴族人，到米林县派村驮运物资去了。

听说我们没有吃饭，卓玛和娜措立刻楼上楼下忙活起来。趁着这个工夫，益西平措给我讲起了墨脱四大神山、四大神门的掌故。其实，我在派村，听阿丁老人讲过；到了墨脱县城，又请教过县参事室副主任、著名宁玛派喇嘛白玛仁青。不过，还是益西平措讲得最具体、最翔实。

## 寻找通往幸福乐土的神门

益西平措

墨脱又叫白玛衮，意思是莲花圣地。古时候，有个著名的活佛，名叫白玛郡乃莲花生，他发布一些著名的预言，说："佛之净土白玛衮，圣地之中最殊胜。"又说："从现在佛释迦牟尼时代，到未来佛弥勒强巴时代的过渡期，人间世界会出现种种难以想象的灾难。人类为了躲避这些灾难，唯一的办法是进入雪山冰峰环绕的墨脱峡谷，藏身于称为'贝域'（秘境）的莲花秘境，届时有一种不可知的力量，打开通往幸福乐土的神门，里面有糌粑的山，牛奶的湖，绸缎和氆氇的森林，总之美衣美食享受不尽，幸福生活无边无涯，灾难和痛苦自然不再有了。"

从那以后，无数藏传佛教信徒，扶老携幼，离乡背井，翻过崇山峻岭，历尽种种艰险，来到这里的。下面，我给老师你讲讲几座神山、几处神门的情形。

## 寻找衮堆颇章神门的金钥匙

墨脱的第一座神山，名叫衮堆颇章，意思是无价至宝宫，坐落在墨脱县城的东面，靠近察隅县。它是一座美丽而奇特的山，山间有各种各样的珍禽异兽，譬如扭角羚羊、香獐、金鹿、雪鸡、锦鸡，等等。山下有三座雪水湖，名叫白玛朗错（莲花天湖），俄噶朗错（银白天湖）、云秋错（净水湖）。湖水很蓝、很清、很美。天鹅、白鹤、黄鸭在湖上游来游去，水里还有很多的鱼。相传吃了湖里的鱼，功德无量，死后不下地狱，可以升上天堂。

传说，墨脱珞巴人的老奶奶便是从衮堆颇章的山洞里出来的。她提着一竹筒的圣水，一不小心，便打翻了，变成这三个美丽圣洁的湖。

每年藏历七、八月，是佛教信徒转山朝湖的季节。人们从康区、从察隅、从工布、从墨脱各地，甚至从境外涌来。摇动形形色色的转经筒，念着各种各样的经文，沿着险峻的山间小道慢慢绕行，顶礼膜拜每一座山头，每一个洞窟。他们渴求奇迹在眼前出现，祈盼神门会忽然敞开，他们可以进入无忧无愁的幸福乐园。

相传，衮堆颇章神门是由莲花生大师预示，由宁玛派活佛岗布巴·仲堆林巴打开过，可惜很快又关闭了。大师离开雪域藏土之时，把神门的金钥匙留在衮堆颇章山间，藏在一块帐篷大的巨石下面，谁能找到这把金钥匙，谁就能打开衮堆颇章的神门。可惜，许多年来，一直没有一个人有这个福气。

## 灵鹫山的神鸟何时叫?

地东村往南，有一座山叫结邦拉。结邦拉山的南边，有一条河叫仰桑河。仰桑河边矗立着一座石山，名叫恰贵崩，意思是灵鹫山。这便是墨脱的第二座神山。

有这么一种说法，灵鹫山的下面，有一个很大的湖，湖的彼岸是人们世世代代向往的极乐世界。离灵鹫山不远，有一块巨大的岩石，名叫“甲钦勒”，意思是大鹏金翅鸟圣地。如果机缘到了，大鹏金翅鸟发出惊天动地的鸣叫，甲钦勒下面的神门便会自动打开，人们进入灵鹫山里的神湖边，如果有一百位活佛诵经，一百只马头船摆渡，一百个船夫划船，众人便能抵达神秘的乐土。

于是，春夏秋冬，年年月月，总有许多信徒香客，围绕圣地转经朝拜，他们扬撒糌粑，煨烧香草香树枝，祈求神门早日打开。可是，居住在灵石周围的珞巴人，他们的看法完全相反，认为甲钦勒是灾星，是魔石，是妖怪，魔鸟如果发出叫声，便会瘟疫流行，灾荒遍地，甚至发生地震和泥石流，所以珞巴人千方百计对甲钦勒神石进行破坏，用铁锤砸它，用野火烧它，在神石上面随意大小便，弄得臭气熏天。

## 布达泽崩神门，开了又关闭

在白玛协曲河和雅鲁藏布江的交汇处，还有一座神山，叫布达泽崩。相传两百多年前，佛教高僧干布巴派他的儿子德清林巴，专程到这里开启神门。德清林巴在神山前诵经念咒，大做法事，终于感动了神灵，出现了奇迹，只听得山间一声巨响，崖石里射出道道金光，一扇神门缓缓地打开了。神门里堆满了经书佛像、宗教法器，还有金银财宝。德清林巴非常高兴，抱起一部部经书往外跑，这时，他的妻子杰姆赶来，对他的做法很是不满，大声吼道：“喂！你运这些破纸卷干什么？还不快去拿些金银财宝!”德满林巴听了妻子的话，返身进洞，抓起一把金子，只听得轰隆隆一声，神门突然关闭了。幸亏德清林巴跑得快，没有被关在洞中，不过他袈裟的一角，却永远地夹在神门中间了。细心的人，今天还能看见那一角袈裟。

布达泽崩的神门，虽然开了又关了，可是，德清林巴的名声，一下子传遍了四面八方。信众们在这里盖了一座寺庙——罗邦寺，意思是宝贝堆砌的寺院，作为他讲经布道的道场。尊他为吉色仁波齐活佛，请他世世代代，守护神山，广积功德，祈求神门再一次开启。

从此，布达泽崩成为了墨脱地区又一灵地，无数信徒香客，年年都从四面八方，源源不断地来这里转经朝圣。这里每一块山崖，每一股泉水都留下了德清林巴的印记。人们顶礼神崖，可以长生不老；取饮神泉，死后可以不入地狱。有两处崖洞，上面的叫上好运洞，下面的叫下好运洞，洞里有经堂，供奉莲花生大师和德清林巴的神像，围绕崖洞转经，功德无量。有两块崖石，相隔很近，每个转经的人，都必须从中间挤过去，挤过去一次，减少一份罪孽，如果是个瘦人，还勉勉强强能过，如果是个胖子，便苦不堪言，简直活受罪。

益西平措说到这里，卓玛姐妹推门进来，给我们送来了丰盛的晚餐，有黄澄澄的玉米饼，有香喷喷的猪肉汤，还有蔓加酒。益西平措说："墨脱的第四座神山，名叫白玛协热，意思是莲花水晶山。它就在多雄拉雪山的南边，白玛协曲河的上游。关于这座神门的情形，等一会儿卓玛会给老师你讲，我专门领你上她们家，就是请她讲讲当年朝拜白玛协热神山，等候神门打开的亲身经历。"益西平措老先生把我托付给卓玛姐妹，自己回离此不远的霍纳村去了。吃过饼，喝完汤，卓玛姐妹应我的请求，一五一十地讲起了20年前朝拜白玛协热神山的悲惨遭遇。

## 白玛协热神门前的惨剧

卓玛

我们的家乡在昌都地区类乌齐县岗塔玛村，离类乌齐大寺只有半日的路程。我阿爸叫次仁朗加，阿妈叫白久，我的姨妈叫噶吉曲珍，姑妈叫久阿卓玛，姑妈的女儿索朗央吉，是阿沙玛乡的党支部书记。那一年是1959年，社会很不安定，我们全家很害怕，便去阿沙玛乡投靠表姐索朗央吉。走到半路，碰上解放军和卫教军打仗。表姐家里的人都逃走了。我们从阿沙玛回来，看见男男女女，成群结队，都往西走，我们也跟着走，乘木筏过了金沙江，到了察瓦龙地方。那里有一大片黑森林，森林深处有个村，叫辛纳村，村里有座庙，庙里有一位活佛，叫达香珠古。他和他的母亲，还有三个兄弟住在一起。我们去求达香珠古活佛，请他指引一条幸福路。活佛说："现在人间世上灾难重重，很多地方都在打仗。你们要求得一条生路，只有到墨脱白玛衮去，那里是莲花生大师预示的人间秘境，世外仙乡，可以逃避战火，通往极乐世界。”

就这样，我们十几个家庭，一百多男女老少，跟着达香珠古活佛三兄弟，从察瓦龙到了波密，又从波密到了墨脱东布村，墨脱宗政府就设在这里。再往何处走，出现了不同的看法。达香活佛想到仁青崩寺庙安身，他的一个哥哥说：“最好顺着雅鲁藏布江往南，过结邦拉，去圣地玛旺古扎。”正在大家没有主意的时候，来了达瓦·曲吉林巴活佛和彭岗活佛。他们说：“我给你们指引一条道路。从这里过荒尤藤网桥，经霍纳村再往上，翻过一座名叫蓝天柱子的白色雪峰，穿过两座雪狮对峙的峡谷口，便能抵达被称为白玛协热的莲花水晶神山，神山有神门，可以通到绛香巴拉极乐仙境，进入仙境，人间的一切痛苦和不幸，都会一扫而光。去吧！去吧！都到白玛协热圣地去吧！神门的钥匙就在我手里，到时候，我们会让神门大开的。”

大家一再恳求，达香珠古总算同意领我们上白玛协热神山，由他出面请达瓦活佛和彭岗活佛带路。第一天夜里，住在霍纳村，村里不少人家，都逃到境外去了，很多木楼空着。我们看这里山好、水好、田地好，想在霍纳定居，过安稳的日子。几位老人不同意，说自己活了一大把年纪了，一只脚已经踩在天葬场了，好不容易到了人间仙境白玛衮，走进了世世代代求之不得的神山神门，我们爬也要爬到白玛协热，死也要死在白玛协热，从这里登上极乐天堂，这是多少辈才修来的福分。

我们这一大群康巴人，翻过三座大山，走了五天五夜，总算到了著名的白玛协热神山。那是一座曼扎形的岩石山，四周是无边无际的森林树木。前些年工布和墨脱地区发生特大地震，高山崩塌，河流改道，遍山遍野都是泥沙和乱石，显得残破和荒凉，和心里想的灵山圣水很不一样，总觉得有些失望。达瓦活佛和彭岗活佛在神山前面设置祭坛，煨烧神桑，敲动法器，诵经念咒，不停地往神山上抛掷朵玛供品、青稞粒和糌粑面。我们全体人员，从早到晚围绕白玛协热神山转经朝圣，口念六字真言，手摇转经筒，不停地磕着长头，顶礼膜拜。祈求神门突然打开，奇迹真的显现。

三天过去了，五天过去了，七天过去了，半个月过去了，一个月过去了。白玛协热的神山还是岿然不动，看不出一点点变化；通向幸福乐土的神门也没有一点点声响。我们这一群人，在霍纳村购买的一些粮食，很快要吃完了。天气炎热，又有毒虫、毒蜂叮咬，很多人都病倒了，一些老年人更是眼看不行了。

有几个胆大的人跑去问达瓦活佛和彭岗活佛："仁波齐，神门到底什么时候会打开？你们不是说，身上揣着神门的钥匙吗？求求活佛，开开恩，把神门打开吧！"活佛每次都这样回答："快了！快了！机缘一到，神门自然会开！"又说："天机不可泄露！"

有一天，迟迟不见活佛从帐篷里出来。人们跑去看，帐篷空了，达瓦和彭岗两位活佛连影子也不见了。原来，就在头一天夜里，他们带着侍从和珠宝，翻山越岭，逃到国外去了。我们这些历尽辛苦、寻找神门的康巴男女，一下子炸了锅，有的痛哭，有的埋怨，有的生气，有的怒骂，骂两个活佛根本不是活佛，是骗子，是恶鬼！达香珠古活佛一时也没了主意，只是不停地在一旁抹眼泪。

和我们一道，从康区过来的，一共有十五个家庭，每个家庭垒一个石头灶，人口少的三四人，人口多的十多人，加起来有一百多人。我们家人不少，有十一个，爸爸、妈妈、哥哥、大姐、大姐夫、大姐的三个女儿，还有我和两个妹妹。那年我20岁，已经结婚，丈夫也是个康巴人。

日子过得越来越凄惨，每一个家庭都断了粮，炉灶再也没有炊烟升起。我们在这里，人生地不熟，到处是荒山野岭，原始森林，不知道什么地方有村落，有人烟，哪儿能弄到粮食？从霍纳村请来的两个向导，也不知什么时候溜回去了！大家只好到森林里采野菜，摘野果，采伐名叫“达谢”的青棕树，勉强维持生命。

就这样，我们陷入了绝境，十多户人家，家家有人得病，天天都在死人。有的人饿死，有的人得热症病死，有的人被毒蛇咬死，有的人被称为“蒙古兵”的马蜂蜇死，人死了，没有天葬场，也没有天葬师，只好挖一个洞，草草掩埋了事。

我们全家人都病了。阿爸、阿妈、姐姐和她的三个女儿，全都饿倒在地上，爬不起来。可怜三个小姑娘，大的十岁，小的才五岁，平日里多么天真活泼，十分可爱，现在饿成皮包骨，天天搂着自己的妈妈哭，女儿哭，我姐姐也哭，叫人不敢多看一眼！

姐夫是个游手好闲的家伙，看见妻子和女儿饿成这样，根本不管不顾，我丈夫也是个懒骨头，躺在地上不肯动。当时我刚生了孩子，没有办法，只好挣扎着上山，拣了几段人家砍下来的青棕树，当地人叫糌粑树，吃了可以度过饥荒，背回来给全家大小充饥。

吃了青棕木，没想到给全家带来更大的痛苦。一个个肚子胀得鼓鼓的，拉屎拉不出来，全家人又围在一起痛哭，哀叹自己命不好，遭此厄运，这辈子不该变成人，不该从妈妈的肚子里生下来。这样，死的人越来越多，姐姐的三个女儿都死了，我姐姐也死了，姐夫不知去向，听说跑到国外去了。后来听墨脱当地人说，才知道达谢从山上砍回来，一定要放在水里浸泡三五天，让它发酵过后才能吃。

各家各户剩下的人，商量着离开白玛协热，都说不能在这里等死。我们家也想离开，只是老阿爸身患重病，不能行动。他不让我们背，也不让我们抬。我们围着他哭。他说："你们走吧，快走吧！我不能连累你们，你们能活着出去，是家里最大的福分；我死在神门门口，等于上了天堂。"

我们只好一步一回头，哭着离开神山白玛协热，离开躺在地上奄奄一息的老阿爸，走到前面第一个村子月儿东。取下头上的蜜蜡珠，还有脖子上戴的珊瑚串，请两个当地人去看看老阿爸，想办法把他背回来。过了两天，那两个人回来了，说："你们的爸爸已经死去，身上爬满了虫子和毒蜂，手里捧着一只木碗，我们也不敢拿。"

在月儿东，我们的阿妈死了，我刚生下十来天的孩子也死了。我的丈夫背着行囊，护送达香珠古活佛返回家乡，也死在路上了！悲惨啊，悲惨！像我们这样的遭遇，实在太悲惨了。

说到这里，卓玛放声大哭，她的妹妹娜措，早已哭成了泪人。

我一边听，一边记，心里百感交集、五味杂陈，又气恼、又愤恨、又同情，不知不觉，泪水打湿了笔记本，无法记下去了。几个人相对无语，沉默了十多分钟，卓玛才开口说话：我领着两个妹妹，一路要饭，流落到德辛村，我在这里又结了婚，有了新的家庭。二妹妹曲措到林芝八一镇进了培训班，当了电影放映员，现在在曲水县工作；小妹妹后来也在德辛村成了家。

我看了看表，时间已经很晚了。我站起来，想到德辛区政府去过夜。卓玛两姐妹执意挽留，说夜又深，天又黑，路上到处是稻田，不好走，区里老师又不熟悉，在我们家对付一夜算了。我看她们家都是女人，多有不便，尽管卓玛姐妹不肯放行，我还是像逃跑似地奔下木楼，跌跌撞撞总算找到了区政府。

## 再见了，墨脱！

1982 年 9 月 1 日，益西平措从霍纳家中，早早赶到德辛区招待所为我送行。我俩结伴，再一次走过雅鲁藏布江上的藤网桥。今天过桥，我胆子大了许多，手脚也麻利了许多，只用了半个多小时，便从西头走到了东头，得到益西平措大大的夸奖。昨天离开县城，和次旦多吉约定，他领着民工，带上行李，十点钟准时到达藤网桥东的三岔路口，与我会合，一起向多雄拉雪山口进发。

我和益西平措过了桥，时间还不到十点钟，两人在一株大树下坐定，一边随意闲聊，一边耐心等候次旦多吉。江的那边，隐隐看到一座佛教寺院，益西平措说，那是著名的马尔邦寺，于是讲了一段马尔邦活佛的往事。

# 马尔邦活佛的掌故

益西平措

马尔邦寺和巴尔寺、乌朗寺一起，并称墨脱三大宁玛派寺院。马尔邦活佛是一个瘸子，两只脚一只粗一只细，出门便要人背。据说，他的前辈便是一个残疾人。他很喜欢野生动物，养了一只大黑熊，他走到哪里，熊跟到哪里。

马尔邦活佛虽然肢体残废，思想却很开明，三个儿子，全都送到祖国内地学习，他也很拥戴解放军和新政权，无论是先前进墨脱的珞瑜工作队，还是1956年建立的白玛岗基巧办事处。他相信共产党，相信新汉人，他说："社会这样发展下去，经书上讲的美好时代，一定会到来，我们的家乡白玛岗，一定会成为真正的莲花圣地。"

1959年，西藏发生叛乱，叛乱分子强迫墨脱民众通通往境外逃亡。马尔邦活佛推说自己腿脚不好，走不了，要人背，在东岸几个村寨走走停停，不肯上路。叛乱头目派人督促，限他三天内到德尔贡村报到。马尔邦活佛没有办法，写了一封信，用箭射到江的西岸，托在那里修路的解放军军官朗结，照顾自己的儿子。

马尔邦活佛写箭书的事被叛乱头目知道了，在德尔贡对他进行审讯、毒打，用马靴踢。打得他吐血、拉血，走到离边境不远的古尤拉山上，便离开了人世。同行人在路边挖了一个坑，草草掩埋了事。后来，德尔贡的顿炯活佛得知此事，托人把他的遗骨挖出来火化，装藏进灵塔，供奉于寺院。

他的两个儿子，一个叫尼玛让珠，一个叫达瓦让珠，中央民族学院毕业后，都在拉萨工作，还有一个私生子，叫巴青戈达，现在在自治区卫生防疫站。

我和益西平措在三岔口路边等了又等，就是不见次旦多吉来。我们把目光一次又一次地投向果噶拉南坡的盘山路，连个人影也没有。十点到了，不见人；十一点到了，不见人；十二点到了，还是不见人。我满肚子都是责怪和愤怒，埋怨次旦多吉把这样大的一件事情搞砸了。大约十二点半钟，从果噶拉那边来了两个十五六岁的门巴族小姑娘，说是到派村交换盐巴的。益西平措请她们给我做伴，到前面的路上找一找同伴次旦多吉，一再叮嘱她们，沿途好好照顾老师，千万不能把老师丢了！

我和两个小姑娘搭伴，刚走了数十步，益西平措爬上了一个小土坡，使劲向我招手，我以为又出了什么问题，要么就是次旦多吉和民工来了。我返回去，他从土坡上跑下来，情绪十分激动，眼里闪着莹莹的泪光，说："廖老师！你就这么走了，我还没有来得及和你好好握手告别哩！"也许别人会觉得他有点多此一举，但我和他四手相握，脑子里立即浮现起二十多个日日夜夜，和益西平措苦乐与共、朝夕相处的情形，他的丰富知识，他对我的种种关照，历历在目，我将牢记这位瘦小的门巴族老人，此番分别，墨脱和拉萨相隔千里，不知今生今世有没有重逢的机会？想到这里，眼泪不禁夺眶而出，而他更是老泪纵横，我们俩一次一次握手又握手，一次一次贴脸又贴脸，一次一次道了珍重又珍重。两个小姑娘背着沉重的筐，在不远处"吃吃吃"地笑，又用门巴话叽里咕噜说了一通，好像在说："这两个大男人，为什么像情人一样难分难舍？"

穿越了阴暗而浓密的原始森林，前面便是墨脱县城和百崩区之间的亚让村。远远的，我看见有个年轻人在村外张望，原来是东布村的遵珠啦，前次他出来接医疗小组，我们相识而且关系不错。我开门见山第一句话便是："遵珠啦，你看到我的同伴次旦多吉了吗?"他说："来了，正在村里等老师你哩!，"见到次旦多吉，我劈头盖脸好一通数落，我说："你为什么不遵守约定，把我一个人甩在荒尤藤网桥头，如果我在茫茫原始森林，迷失了道路怎么办？被野兽叼走了怎么办?"听着我的责备，他也没有直接回答，只是这里那里、这个那个，吭吭嗤嗤自言自语了一番。我很快想起一两个月来，他跟我在墨脱吃了很多的苦，受了很多的罪，经历了无数的凶险和磨难，总是无怨无悔，默默承受。重的东西总是他背，危险的地段总是他先走，觉得不能因为今天的事情，过多地责难于他，便住了口。

亚让是个古老的村寨，道路两侧，有门巴族村民种植的黄瓜、扁豆、凉瓜和各种瓜菜。遵珠啦说："门巴族是善良而好客的民族，是具有同情心和互助精神的民族，村里路不拾遗，夜不闭户，村民在路边种下瓜果蔬菜，就是方便过路的人，让他们随便摘、随便吃，一是解渴，二是充饥。"

当天夜里，住在百崩区政府，饭后又和百崩区书记桑杰丹巴坐在星光月色之下，有一搭没一搭地闲聊，直到深夜才睡。

第二天，9 月 2 日，告别百崩区，踏上返回拉萨的路程。走的还是进墨脱的路，过金珠大桥，到独立营所在地马尼翁，过老虎嘴，到白玛协曲河畔的阿尼桥，当晚住在汉密兵营。道路经过解放军和当地百姓的整修，数以百计驮运队的踩踏，路面明显平整了，刺柴野草也得到了清除，旱蚂蟥虽然无处不在，已经没有我们来时那样可怕，那样猖狂。加上时令已是初秋，雨水显著减少，一路往回走，不比来时那样痛苦、劳累和艰辛。

第三天，9 月 3 日，我们早早地从汉密赶到了多雄拉雪山南坡的拉格食宿站。时隔一个多月，食宿站条件大为改观，来时我们睡在山洞里，六个人盖三床毛毯，半夜冻得直发抖，只好烧火取暖。现在山洞外搭起了一排木板房，吃饭有热菜热汤，睡觉有干净的被褥。

傍晚，我和次旦多吉踏着富有弹性的青草，在墨绿色的雪松间边走边聊，聊的无非都是在墨脱经历的种种事情，结识的人，了解的事，采风的收获。说着说着，次旦转换话题，很突兀地说："老师，前天上午，在藤网桥，我和老师你走岔了，有原因哩！"我说："什么原因？说来听听！"次旦说："那天，老师你和益西平措离开以后，有人拿来一只麝香，问我要不要？我买了，装在自己的衣兜里。出发那天，走到半路，往衣兜里一摸，才发现破了一个洞，麝香不知道掉到什么地方了。我心里这个急呀，先在路上找，又跑回县里找，东找西找，便把和老师你约定的事忘了！"次旦多吉这么一说，我心里亮堂了许多，不但没有批评他，反而为他白白丢失了麝香惋惜了一阵子。

9 月 4 日一大早，我、次旦多吉、民工遵珠和他的伙伴，四个人沿着多雄拉雪山南坡的登山道，奋勇向上攀登，这座伟大的雪山，依然是那样的巍然高耸，气势恢宏，不过大部分坡谷，已经冰消雪化，峥嵘的岩峰裸露出来，显得千姿百态、秀美神奇，一处处高山湖泊，镶嵌在岩峰陡坎之间，清洁明净，微波荡漾，令人心旷神怡。往日震得山摇地动的飞瀑，声音已经变得十分温柔，像一条条飘舞的哈达。

十二时刚过，我们已经登上了雪山之巅。往南一看，整个的墨脱峡谷，郁郁葱葱，满眼青翠，如同一片绿色的海洋。回想一个多月来，我们用自己的双脚，一步一步丈量着这片美丽而神奇的土地，走进一个又一个门巴村和珞巴寨，访问了数十位门巴族、珞巴族老人、僧人、活佛、猎手、歌手和故事家，采录了大量以前闻所未闻的神话、故事、传说、歌谣和历史、民俗掌故，收获极大。不由得心潮起伏，情绪激动。依依惜别之情，油然而生。

此时，我的搭档次旦多吉，脸朝墨脱方向，以他习惯的姿势振臂高呼：

吉吉！索索！拉结罗！

再见了，墨脱！

再见了，莲花圣地！

再见了，墨脱的父老乡亲！

他的话，句句喊在我的心坎上，我走了过去，和他一起呼喊起来，我们的声音，在林芝和墨脱交界的多雄拉雪山上久久回荡！

**图书在版编目（CIP）数据**

墨脱传奇/廖东凡著 .—北京：中国藏学出版社，2016. 7

ISBN 978 -7 -80253 -914 -3

Ⅰ. ①墨…　Ⅱ. ①廖…　Ⅲ. ①风俗习惯 - 研究 - 墨脱县　Ⅳ. ①K892. 475. 4

中国版本图书馆 CIP 数据核字（2016）第 159874 号

# 墨脱传奇

作　　者　廖东凡 著
出版发行　中国藏学出版社
印　　刷　北京隆昌伟业印刷有限公司
印　　次　2016 年 11 月第 1 版第 1 次印刷
开　　本　640 × 965 毫米　1/16
印　　张　15. 5
字　　数　174 千字
书　　号　ISBN 978 -7 -80253 -914 -3/K · 468
定　　价　38. 00 元

**图书若有质量问题，请与本社联系**

E-mail: dfhw64892902@126. com　　电话: 010 -64892902